NOVO NORMAL?

Dados Internacionais de Catalogação na Publicação (CIP)
(Câmara Brasileira do Livro, SP, Brasil)

Novo normal? : provocações sobre tempo, liderança, relacionamentos e o si-mesmo / Gustavo Barcellos... [et al.]. – Petrópolis, RJ : Vozes, 2020.

Outros autores: Luciano Alves Meira, Luís Mauro Sá Martino, Volney J. Berkenbrock
Bibliografia.
ISBN 978-65-5713-058-2

1. Coronavírus (Covid-19) – Pandemia 2. Liderança 3. Reflexões 4. Relações humanas 5. Tempo – Filosofia I. Barcellos, Gustavo. II. Meira, Luciano Alves. III. Martino, Luís Mauro Sá. IV. Berkenbrock, Volney J.

20-43142   CDD-170

Índices para catálogo sistemático:
1. Conduta de vida : Filosofia 170

Cibele Maria Dias – Bibliotecária – CRB-8/9427

GUSTAVO BARCELLOS
LUCIANO ALVES MEIRA
LUÍS MAURO SÁ MARTINO
VOLNEY J. BERKENBROCK

NOVO NORMAL?

PROVOCAÇÕES SOBRE TEMPO,
LIDERANÇA, RELACIONAMENTOS
E O SI-MESMO

© 2020, Editora Vozes Ltda.
Rua Frei Luís, 100
25689-900 Petrópolis, RJ
www.vozes.com.br
Brasil

Todos os direitos reservados. Nenhuma parte desta obra poderá ser reproduzida ou transmitida por qualquer forma e/ou quaisquer meios (eletrônico ou mecânico, incluindo fotocópia e gravação) ou arquivada em qualquer sistema ou banco de dados sem permissão escrita da editora.

CONSELHO EDITORIAL

Diretor
Gilberto Gonçalves Garcia

Editores
Aline dos Santos Carneiro
Edrian Josué Pasini
Marilac Loraine Oleniki
Welder Lancieri Marchini

Conselheiros
Francisco Morás
Ludovico Garmus
Teobaldo Heidemann
Volney J. Berkenbrock

Secretário executivo
João Batista Kreuch

Editoração: Maria da Conceição B. de Sousa
Diagramação: Sheilandre Desenv. Gráfico
Revisão gráfica: Alessandra Karl
Capa: Rafael Nicolaevsky

ISBN 978-65-5713-058-2

Editado conforme o novo acordo ortográfico.

Este livro foi composto e impresso pela Editora Vozes Ltda.

Nota da editora

A crise provocada pelo coronavírus nas mais variadas esferas é inegável. Mas será que a vulnerabilidade que ela deixou tão evidente foi capaz de efetuar uma transformação pessoal e social concreta? Muitos acreditam que sim, e afirmam que a vida após este período não vai ser como antes; estaríamos diante do que está sendo chamado de "o novo normal".

Na verdade, não temos muita certeza se o que havia antes pode ser chamado de normal. Também duvidamos um pouco de que haverá um normal depois. Gustavo Barcellos, no capítulo permeado pela mitologia e pela psicologia que preparou para esta obra, relativiza: "o novo nunca é 'normal', digamos, ou, quando se normaliza, já é o velho, no sentido de se tornar habitual, usual, comum, normativo".

Continuando as indagações, o que percebemos é que é a primeira vez que essas questões nos são colocadas de forma tão ampla e profunda. E, nessa busca de entender o que passamos nestes "tempos sem precedentes", podemos também refletir sobre a noção do tempo. A sensação que temos com relação ao tempo foi uma das temáticas mais marcantes deste período. O primeiro capítulo desta obra, escrito por Volney J. Berkenbrock, propõe uma viagem baseada na mitologia "sobre como o próprio ser humano sente e interpreta o seu ser e estar na existência", e pode nos sinalizar sobre a possibilidade de aprender a conviver com o tempo, tendo a clareza de que é ele quem orienta nossa existência.

É importante deixar claro aqui que o livro não foi proposto para trazer a experiência dos autores no período da pandemia. Ele vai muito além disso. Os quatro autores se propuseram a pensar, a partir de sua lente de formação, sobre como viver este período fez com que muitas coisas fossem relativizadas, compreendidas, ou perdessem seu significado, tornando obsoleto o arranjo social que conhecemos.

Por falar em arranjo social, pensamos também nas relações humanas. Luís Mauro Sá Martino, no terceiro capítulo, retoma o quanto as relações foram afetadas por esse novo cenário. Afinal, a vida familiar e profissional das pessoas, seu relacionamento com o mundo, com o espaço e o tempo foram drasticamente alterados.

Extremamente impactado também foi o universo corporativo. As empresas passaram por grandes modificações e adaptações neste período. Encontramos algumas boas inovações, mas também foi necessário encarar bastante insegurança por conta da grave crise econômica e a nossa eterna incapacidade de prever o futuro com precisão. Luciano Alves Meira nos lembra no segundo capítulo que vai ser necessário ir muito além do conhecimento técnico de gestão para dar conta do desafio que se impõe.

Por fim, uma pequena advertência: não espere encontrar respostas neste livro, mas provocações para ir além do confuso cenário em que estamos vivendo nos últimos meses. Cada um dos capítulos oferece diferentes perspectivas e experiências a fim de nos auxiliar no encontro incontornável com o outro e com o nosso interior, e estimular nosso repertório pessoal para enfrentar o desconhecido que nos espera.

Retomando o texto do Gustavo Barcellos quando dizia que este momento nos deixou sem futuro: "agora, todos os futuros são possíveis".

Agradecemos aos autores que, em meio a tudo o que estamos vivendo, se dedicaram a escrever estes textos.

Boa leitura!

Sumário

1 Nós e o tempo – Confortos e confrontos: nossas experiências com as cinco formas de sentir o tempo, 9
   Volney J. Berkenbrock

2 A liderança em busca de seu novo "normal", 58
   Luciano Alves Meira

3 O que temos coragem de aprender com estes tempos?, 100
   Luís Mauro Sá Martino

4 O novo normal e a domesticidade arquetípica: uma breve reflexão, 141
   Gustavo Barcellos

1
Nós e o tempo

Confortos e confrontos: nossas experiências com as cinco formas de sentir o tempo

Volney J. Berkenbrock

Em que tempo estamos vivendo?! Meu Deus!

A questão do conceito de tempo: este é o tema deste texto. Não temos apenas um conceito de tempo. Temos diversos. E isso não é uma questão primeiramente de conhecimento, mas sim de sentimento. Sentimos o tempo de diversas maneiras. Na reflexão que se segue, é apresentada a proposta de pensar sobre cinco formas de sentir o tempo: o tempo cronológico, o tempo kairológico, o tempo aiônico, o tempo sintópico/distópico e o tempo mítico.

Cada uma dessas formas tem sua peculiaridade, suas formosuras e suas agruras. Temos confortos e confrontos com as diversas maneiras de sentir o tempo. Pode ser muito interessante pensar sobre as formas de tempo justamente no tempo em que estamos vivendo (qual tempo?).

A fonte para este roteiro será sobretudo a mitologia. Afinal, boa parte dos sentimentos que temos sobre o tempo os gregos os identificaram como divindades. Veremos isto adiante. A cada forma de sentir o tempo também sugerimos uma sabedoria específica que a acompanha. Assim, cabe ao tempo cronológico a companhia da sabedoria racional; ao tempo kairológico acompanha a sabedoria da sensibilidade; o tempo aiônico será acompanhado pela sabedoria reflexiva; o tempo sintópico/distópico requer a companhia da sabedoria cultural; e o tempo mítico viaja com a sabedoria ancestral.

Pensar sobre como lidamos com nosso sentimento do tempo tem aqui por motivação também o fato de estarmos vivendo uma situação muitíssimo diferente que nos afeta em muitos aspectos. Dentre eles, justamente a nossa relação com o tempo. Assim, ao final de cada bloco desta proposta de entender as nossas experiências na relação com o tempo, aponta-se para elementos de relação com o tempo nesta época de pandemia.

Pensar sobre nós e o tempo é uma viagem fantástica sobre como o próprio ser humano sente e interpreta o seu ser e estar na existência.

1 O monstro do relógio que nos engole: o tempo cronológico

Um dos deuses gregos relacionados com o tempo é Crono. Embora esta palavra seja muito próxima do termo grego *chronos* (tempo), não é muito provável que os dois termos tenham a mesma origem etimológica. Mesmo sem essa ligação etimológica, a interpretação já muito antiga diz que Crono é o deus do tempo. E não sem razão. É inegável que há uma ligação entre uma compreensão de tempo e o mito de Crono. Ele traz ricos elementos para analisarmos uma noção de tempo: o tempo cronológico. Iremos explorar isso mais adiante. Primeiro, vamos ao mito.

Crono faz parte da primeira geração divina, aquela que descreve o que surge quando do estabelecimento do mundo. No início de tudo há o Caos e é dele que surge, então, o Cosmos. O termo *Kháos* provém do verbo *khaíein*, que significa abrir-se. Tudo começa, pois, com uma abertura, um buraco, um abismo, um vazio informe. Esse vazio é, entretanto, profícuo e dele saíram Geia, Tártaro e Eros. Geia (ou Gaia) é a terra, uma espécie de deusa primordial e mãe de tudo. Tártaro são as profundezas, as entranhas da terra, entendido como um mundo abaixo do mundo, que será posteriormente interpretado como lugar de banimento, de castigo, de prisão eterna. Mas no início, Tártaro é visto somente como parte da estrutura do todo. Eros é a força dos desejos, dos sentidos. Sendo mais tarde personificado como o deus do amor, Eros irá ter em torno de si uma rica mitologia. Mas, na estrutura inicial, Eros é uma força surgida do Caos. Mas o Caos também gera. E gerou sozinho Érebo e Nix. Érebo são as trevas das profundezas, subterrâneas, imaginadas como trevas inferiores. Nix são também trevas, mas as trevas da superfície; por isso, é personificada como a deusa da noite. De Nix nasceram Éter e Hemera, sendo Éter o brilho celeste, a claridade iluminadora superior, e Hemera a personificação do dia, a claridade da superfície. Geia, por sua vez, gera no princípio Úrano, Úrea e Pontos. Úrano é a abóboda celeste, personificada como o deus do céu (da curvatura celeste), Úrea são os montes, que na mitologia grega serão depois rica e densamente habitados. O mais conhecido desses mitos é o do Monte Olimpo. Pontos é a representação do mar, elemento que não terá muita personificação na mitologia grega, mas o mar tem um papel importante em diversos mitos, simbolizando a dinâmica da vida. Dessa maneira, temos, em poucos elementos aqui expostos, o imaginário mitológico grego sobre os inícios, de como se foi do Caos aos Cosmos; ou seja, de como, a partir de um abismo inicial, surgiram as estruturas nas quais toda a existência posterior irá se fundamentar.

Devemos dizer que esta concepção não é única nem uniforme no complexo mundo da mitologia grega, mas ao nosso propósito basta isto, para deixar claro que, para esse modo de pensar, a existência organizada (o Cosmos) tem um fundamento, e a partir desse fundamento é que começa a dinâmica da história. E a esta é que nos voltamos agora, apresentando um resumo da primeira geração divina, com destaque para o papel do deus Crono.

Após o surgimento dos primeiros elementos, o Cosmos é posto em movimento a partir de uma hierogamia, um casamento sagrado entre Úrano e Geia. Este é o casal primordial, dentre muitos outros dos mitos gregos. Este casal tem muitos filhos. Mas Úrano, com medo de que algum de seus filhos viesse a tomar o seu lugar, resolve aprisioná-los no seio de Geia. Assim que os filhos nasciam, Úrano os empurrava de volta ao útero da mãe. Geia, profundamente contrariada com a situação e já curvada com o peso de tantos filhos no seu ventre, resolve fazer um plano para libertar os filhos e livrar-se de Úrano. Ao apresentar seu plano aos filhos, nenhum deles tem a coragem de ajudá-la contra o pai, a não ser Crono, o filho mais novo. Ela entregou-lhe então uma foice. E quando à noite, Úrano veio deitar-se com Geia, Crono castrou o seu pai, cortando-lhe os testículos. Do sangue que caiu do ferimento nasceram ainda muitos filhos de Úrano. Com este ocorrido, Úrano separou-se de Geia, tendo, a partir de então, um papel distante da terra e tornou-se um deus ocioso. Crono assumiu o lugar de seu pai, tomando por esposa sua irmã Reia. Ao assumir o poder do Cosmo, Crono torna-se um déspota, mais cruel do que seu pai. Temendo seus irmãos, que ele havia libertado a pedido de sua mãe, ele os aprisiona e os lança no Tártaro. Por uma predição, Crono sabia, porém, que seria deposto por um filho seu com Reia. Ele passa, então, a engolir seus filhos um a um, assim que nascem, para não correr o risco de ser destronado. Reia sofria enormemente com a situação e, à maneira de sua mãe Gaia, também passou a arquitetar um plano para vingar-se do esposo. Grávida novamente, a conselho de seus pais Geia e Úrano, Reia foge para a Ilha de Creta e ali, escondida numa montanha, deu à luz Zeus, o seu filho caçula. Tomou uma pedra, enrolou-a em panos de linho e a entregou a Crono, como se fosse a criança. Este a engoliu, sem notar que fora enganado. Zeus foi acolhido por Geia em uma caverna e rapidamente se desenvolveu. Libertou seus tios que haviam sido presos no Tártaro por seu pai e os liderou na batalha contra Crono. Vencido por Zeus, Crono é aprisionado. Antes de ser lançado ao Tártaro, com a ajuda de uma poção mágica de Geia e Reia, ele vomita os filhos que haviam sido engolidos e, assim, estes são devolvidos à vida. Então, Zeus assume o reinado, que é repleto de batalhas pelo poder. Após muitas e muitas batalhas, Zeus consolidou o seu poder sobre o Cosmos. Libertou então seu pai Crono da prisão subterrânea, reconciliou-se com ele e o fez rei da Ilha dos Bem-aventurados, onde reina sobre muitos heróis, que, por bondade de Zeus, não conhecem a morte.

O conceito de tempo cronológico

Este é o conceito mais conhecido, e, quando pensamos em tempo, geralmente é a ideia de tempo cronológico que nos vem à mente. Ele é o tempo do horário, do relógio, do calendário. Nós nos situamos em algum lugar nesse tempo, mas ele não é fechado em nossa existência. O tempo cronológico é entendido de maneira linear e numa linha única. Para trás, entendido como passado, ele é muito longo: séculos, milênios, milhões de anos. Para frente, entendido como futuro, ele é aberto eternamente. E nós nos situamos no presente, que é efêmero, pois o tempo corre e este momento nunca mais volta, o que nos exige estarmos sempre "em dia".

Para poder se situar nessa linha infinita de tempo cronológico, todas as culturas desenvolveram calendários, e é assim que temos os anos, os meses, as semanas, os dias, as horas, os minutos e um sem-número de outras medidas de tempo, como semestre, bimestre. E isso remonta a uma característica fundamental da ideia de tempo cronológico: ele é o tempo mensurável, divisível, calculável.

É o tempo marcado, delimitado, de começo, meio e fim, e nele situamos nossas tarefas!

O tempo cronológico também nos situa como seres humanos em conjunto: ele é o tempo que tem por base um consenso comunitário. Dizer que estamos em junho ou novembro não é uma decisão pessoal; é um acordo social aceito por todos os que fazem parte de uma determinada sociedade. Não está ao alcance do indivíduo definir pessoalmente o tempo cronológico. Ele é um consenso comunitário, faz parte dos mecanismos de racionalização da sociedade. Também é parte desse mesmo mecanismo de racionalização estabelecer que o tempo cronológico não é uniforme: há nele o tempo forte e o tempo fraco, o tempo festivo e o tempo comum.

No mito grego, Crono – o deus do tempo – é filho de Geia, a mãe-terra. E de fato, boa parte dos referenciais para se estabelecer o tempo cronológico de nosso calendário está ligada à terra e a seus movimentos. Assim, os dois principais marcos do calendário, o ano e o dia, por exemplo, são estabelecidos como o tempo de uma volta da terra ao redor do sol (o ano) ou de um giro da terra em torno de si mesma (o dia); as estações do ano estão ligadas à posição do eixo da terra em relação ao sol, e assim por diante. De fato, Crono é filho de Geia: o tempo cronológico descende dela.

Para além de ser uma medida de referência, o tempo cronológico é uma experiência humana de um modo de estar no mundo. Querendo ou não, temos de encontrá-lo; gostando ou não, temos de enfrentá-lo. Há muito de paixão e tragédia, de opressão e realização nesse encontro.

Nosso encontro com o tempo cronológico

Crono é a forma de tempo com a qual nós mais nos deparamos. Crono nos mede, seja individualmente, quando dizemos "tenho 37 anos", seja como grupo, quando dizemos "as crianças" ou "a terceira idade". Mas Crono também determina muitas de nossas relações e atividades: marcamos hora para encontros, temos horário a cumprir, fazemos cronogramas de nossos projetos e atividades e – o que muito nos impacta – temos prazos a cumprir.

Aparentemente, a experiência do tempo cronológico em nossa vida é algo que está aí, simplesmente dado. Mas não é bem assim. Nosso encontro com o tempo cronológico é um desafio permanente. Ele pode ser sentido como uma ajuda para acompanhar nosso ritmo, um fio condutor que organiza nosso dia, mas pode também nos ser algo muito pesado e opressor. Não que o tempo cronológico seja bom ou mau. Nossa lida com ele é que desperta em nós emoções benfazejas ou amargas. Tomando por base o mito grego, vamos olhar mais de perto os sentimentos e emoções que o encontro com Crono certamente já nos trouxe, nos traz e continuará nos trazendo.

Crono faz sua estreia no mito assumindo a inglória tarefa de castrar seu pai Úrano. E este encontro certamente também já tivemos com ele: o tempo que nos castrou. Castrou nossos planos, pois perdemos o prazo; castrou nossos encontros, pois eu perdi ou o outro perdeu a hora; castrou nosso sucesso, pois acabou o tempo da prova na escola e não conseguimos responder o suficiente para ter nota; castrou nossas relações, pois devia ter dito mais alguma coisa, mas o tempo passou. Claro que muitas vezes chegamos a tempo e ele não nos castrou. Estávamos "em dia", ficamos incólumes. Mas se formos olhar amiúde, quantas e quantas vezes "não deu tempo". E Úrano, após ser castrado por Crono, tornou-se distante de Geia. O tempo cronológico não volta. Ele é linear, para frente. Ele distancia. Este é, sem dúvida, outro sentimento que já tivemos: estava perto, mas o tempo passou. Não é mais o meu tempo! Somos Úrano castrados pela ação de Crono: perdemos fertilidade no embate com ele.

Tendo Crono afastado Úrano, começa sua batalha para se impor. Receoso de ser derrotado, Crono engole os seus filhos. Tudo o que nasce sob o signo do tempo cronológico é por ele engolido. Esse conhecimento certamente já o tivemos por experiência. Muitas vezes até contamos com isso, e esperamos já ávidos para que o tempo cronológico engula seus/nossos filhos. Já era tempo! E assim vamos adiante. O tempo não para. E é bom que assim seja. Mas tantas e tantas vezes queríamos que ele parasse. E aí começamos a usar de múltiplas estratégias em nosso embate com Crono. Principalmente quando queremos proteger da ação do tempo algo que geramos: filhos, projetos, empreendimentos, trabalhos, carreiras, cargos conquistados, construções de casas ou de ideias. Coisas da matéria, coisas da alma; muitas coisas queremos manter incólumes à ação de Crono! É Reia grávida! E o que ela faz? Foge e se esconde!

Querer fugir da alçada do tempo; esconder-se de sua ação pertence também às nossas táticas. Queremos dar à luz a rebentos materiais, carnais ou intelectuais que estivessem a salvo da ação do tempo. Alguns, temos que confessar, entregamos sem problemas para serem engolidos por Crono e ficamos até felizes quando isso ocorre. Basta pensar nas conclusões de curso e a nossa alegria por Crono ter engolido aqueles semestres. Mas boa parte do que geramos, clara ou veladamente, queremos que se crie a salvo do tempo. Nem que para isso tenhamos de usar de artimanhas não muito convincentes. Reia dá a Crono uma pedra embrulhada em panos. Tentamos enrolar o tempo, com esta ou aquela embrulhação. Nem que seja por pouco, apenas para que nossos gerados cresçam.

Mas não há como embrulhar o tempo, o tempo todo. O tempo cronológico precisa ser enfrentado, por nós e pelo que geramos. Não há como fugir da luta com ele. Isto mais cedo ou mais tarde, mas sem escolha! Somos sem dúvida pródigos em técnicas e táticas para tentar fugir do tempo, nos escondermos, tentar enganá-lo de mil formas. A indústria da estética que o diga! Mas são apenas dribles passageiros. A grande luta que faz Zeus para tornar-se alguém começa com a luta contra Crono. Medir-se com o tempo e no tempo, saber onde estamos e em que altura da batalha são imprescindíveis. E o sentimento de que Zeus venceu e prendeu Crono também o temos. Em boa parte de nossa trajetória, não nos preocupamos com o tempo cronológico. É como se ele estivesse preso, lá no Tártaro de nosso existir. E é bem verdade que muitas de nossas labutas fazemos sem a preocupação do tempo cronológico. Deixamos ele lá, preso no fundo do esquecimento. Nem nos damos conta de que o tempo está passando.

E talvez a existência deva ser assim mesmo: boa parte do que fazemos em nossa vida pessoal ou profissional, em nossos relacionamentos ou no crescimento como sujeitos, devemos fazer sob a pressão do tempo cronológico. Crono é castrador! Gera medo de não conseguir, medo de não alcançar, medo de não terminar. É a visão terrível do relógio: um monstro que nos controla, nos oprime, nos tortura, nos devora, pois Crono engole tudo, sem dó nem piedade. Engole até as enrolações que fazemos com pedras. Então sentir-se livre de seus olhos, deixá-lo preso no Tártaro é também não só alento, mas condição para deixar crescer nossos rebentos. Pois, mesmo que o tempo cronológico destrua tudo o que nele se cria – pois Crono engole seus filhos –, senti-lo aprisionado libera criatividade. Não podemos viver todos os instantes sob a consciência da impermanência, do peso de saber que sob Crono nada é eterno. Se Crono é inexorável, deixá-lo lá no fundo foi a condição para que Zeus pudesse vencer muitas batalhas. Zeus se tornou Zeus enquanto mantinha Crono aprisionado. É uma tática, sim, mas a usamos com sucesso. É parte de nosso modo de ser, e nos sentimos até um pouco deuses – novos Zeus – quando fazemos isso com sucesso.

Claro que não é necessário que o tempo cronológico seja sempre sentido como ameaça. Ele pode ser um aliado. Utilizado como instrumento, uma espécie de corrimão para nossas subidas ou descidas na vida, ele pode nos ser um precioso acompanhante. Para ter Crono como companhia benfazeja é preciso seguir a lógica dele, é preciso aceitar suas regras, pois ele é implacável. A lida com o tempo cronológico exige o uso de um tipo especial de sabedoria que poderia ser chamada de racional. Ele precisa ser racionalizado em nós: organizar o nosso tempo para que o tempo nos esteja a favor. Isso vale em todos os âmbitos. No âmbito profissional, lidar com o tempo é um bem precioso: planejar projetos, criar cronogramas de execução, estabelecer prazos para metas, definir o tempo de análise e realinhamento. E, mesmo que muita coisa não dê certo, isso só o percebemos no processo de racionalização. Crono nos ajuda tanto no caminhar como no analisar se a caminhada está dentro do almejado. Se estivermos no prazo, Crono nos afaga; se estivermos fora do prazo, Crono nos engole: são as regras dele!

Em tempos de pandemia!
O que fazer com Crono quando outros monstros estão à solta? Estávamos todos seguindo nosso ritmo (bem ou mal!), quando se abateu sobre todos nós a ameaça do novo coronavírus. Uma verdadeira monstruosidade! A pandemia não é o nosso tema, mas a sua instalação tirou as amarras de Crono, que imaginávamos mais ou menos aprisionado no Tártaro de nosso cotidiano. Tínhamos, em boa parte, nos arranjado na convivência com o tempo cronológico. E, de um momento para o outro, ele se nos mostra totalmente estranho. E tudo começa de novo: Crono nos castra e nos engole. E nós tentamos fugir dele, nos esconder e enrolar!

Dentre as muitas experiências e sentimentos complicados que tivemos com o advento da pandemia, lidar com o tempo cronológico foi provavelmente um problema que enfrentamos. A convivência com ele, tranquila ou entre trancos e barrancos, era fruto de um processo. Agora não: do dia para a noite precisávamos enfrentar esta luta. Como organizar nosso tempo? O tempo dos filhos em casa? O tempo da redução de jornada na empresa? O tempo do *home office*? O tempo para ir às compras? O tempo para marcar encontros? Os compromissos já mapeados em nosso dia a dia, como refazer o mapa praticamente de ponta a ponta? Isso sem falar na sensação de que agora sobrava tempo em algumas coisas e faltava tempo para outras. E muitas outras, simplesmente não tínhamos mais como agendar. Tentamos nos esconder, dizer para nós mesmos que logo tudo passaria e as coisas voltariam ao normal. Era uma questão de tempo! As velhas táticas contra Crono: fugir, se esconder, enrolar. Começamos a ver mais filmes, a ler alguma literatura, a manter atividade mais frequentes nas redes sociais, a comer (e engordar) mais. Por quanto tempo essas coisas enganaram o relógio e o calendário? Talvez uma semana, talvez um mês. Mas o tempo de exceção não passou em um mês. E nos foi ficando clara a necessidade de enfrentar a questão do tempo cronológico. Encontrar uma forma de nos arranjarmos: com o tempo faltante, com o tempo sobrante.

O tempo cronológico nos acompanha (ou nós é que o acompanhamos). Isto é inexorável. Mesmo em situações de exceção, ele não se exclui da nossa realidade. No mito grego, Crono é um Titã. Não há como derrotá-lo de uma vez por todas. Ele é soberano, é rei. Não perde sua condição, e dele somos súditos. Subordinados ou insubordinados, mas somos parte de seu reinado. Novamente, enquanto não formos capazes de chamar a ajuda da sabedoria racional, o tempo cronológico vai fazendo estragos, nos pressionando, nos irritando, nos engolindo ou entediando. E, passado algum tempo, talvez tenhamos novamente a sensação de mais uma vez ter aprisionado Crono no Tártaro de nossas vidas. Como Zeus, estamos no momento ocupados com outras lutas.

Mas, independente de estarmos em tempos normais ou em tempos de exceção, a pergunta é a mesma: podemos viver na ilusão de que Crono está aprisionado? É obvio que não.

O roteiro do mito grego de Crono nos é muito realista, mas com a possibilidade de um final feliz: ele nos engole, fugimos dele, nos escondemos e tentamos enganá-lo, lutamos com ele e o acorrentamos por um tempo. Mas, no fim da história, Zeus, após vencer suas outras lutas, faz as pazes com Crono e dá a ele o reinado sobre a Ilha dos Bem-aventurados, onde vivem os heróis.

Só é possível conviver com o tempo cronológico quando conseguimos fazer as pazes com ele. Para isso, é necessário aceitar suas regras e a elas se submeter. Quem alcança essa sabedoria pode estar, sim, na Ilha dos Bem-aventurados, dos heróis que aprenderam a conviver com o tempo. E sem nunca esquecer que é ele quem manda na ilha de nossa existência. E quando é o momento certo de fazer as pazes com Crono? Esta pergunta já não pertence ao tempo cronológico. O tempo oportuno é de outra esfera, da esfera do Kairós.

2 A fugacidade das oportunidades: o tempo kairológico

O tempo certo, o tempo propício: este não dá para saber com o relógio! Este depende da oportunidade, da situação, da ocasião e de tantos outros fatores! Os gregos tinham um termo específico para designar esse tempo: *kairós*, o tempo oportuno. Esta palavra era utilizada no mundo grego em diversos contextos, e sua origem não está necessariamente na mitologia. Na Grécia antiga *Kairós* também tem um papel na filosofia e na medicina. Foi, entretanto, personificado e descrito em mitos como um deus. Diferentemente de Crono, que tem um papel importante no estabelecimento do cosmos, conta entre a primeira geração divina e em torno do qual há uma rica mitologia, Kairós teria sido o filho mais novo de Zeus, e sobre ele a mitologia nos legou apenas algumas descrições e obras de arte.

Numa antiga representação artística em relevo, Kairós aparece como um jovem desnudo que tem asas nos ombros e nos calcanhares, com uma mecha abundante de cabelo caída sobre a testa, mas é totalmente careca na parte de trás da cabeça. Ele segura uma balança de dois pratos na mão esquerda e o dedo indicador da mão direita aponta para o prato da balança que está descendo. É representado também tendo à mão uma faca afiada ou dançando em equilíbrio sobre o fio de uma navalha.

Das narrativas sobre Kairós, no contexto mitológico, a mais representativa que temos é o texto do poeta Poseidipos de Pella (século III a.C.) com seguinte diálogo:

– *Quem és tu?*
– Eu sou Kairós, aquele que a tudo suplanta!
– *Por que andas na ponta dos pés?*
– Eu, Kairós, ando sem parar.
– *Por que tens asas nos pés?*
– Eu apareço de repente, como o vento.
– *Por que tens em tua mão uma faca pontiaguda?*
– Para lembrar aos homens que sou mais cortante do que uma faca.
– *Por que tens uma mecha de cabelos caída sobre a testa?*
– Para que quem me encontre consiga me agarrar.
– *Por que és careca na parte de trás da cabeça?*
– Para que quando eu já tiver passado com meus pés voadores, ninguém mais possa me segurar por trás, por mais que se esforce.
– *E por que o artista criou tua representação?*
– Para servir de ensinamento a vós, os passantes!

Embora o diálogo diga pouco em termos mitológicos, traz elementos muito ricos para interpretarmos essa forma grega de pensar o tempo. O termo grego *kairós* era inicialmente um conceito religioso-filosófico de tempo; ou seja, o tempo propício para uma decisão que, se não fosse tomada naquele momento, esse tempo propício não retornaria. A palavra aparece pelo menos em três contextos, além do mitológico: o médico, o filosófico e o religioso.

Por um lado, *kairós* aparece no contexto da medicina antiga. Hipócrates, considerado o pai da medicina grega, que viveu entre os séculos V e IV a.C., irá dizer que uma doença tem um momento crucial, a *krisis*. Até então ela pode se desenvolver de maneira imperceptível ou silenciosa. Na *krisis* é que ela se mostra e se define. Dali ela pode evoluir para a cura ou não. E é exatamente nesse momento, da *krisis*, que entra o papel do médico. Cabe a ele identificar o momento certo de intervenção, o *kairós*. Se ele souber intervir naquele momento, será exitoso e o doente será curado. *Kairós* aqui não é só o momento oportuno na acepção daquele que se apresenta, mas principalmente oportuno no sentido de ser aquele que é, como tal, percebido ou reconhecido. Há o acento no momento como tal e igualmente naquele que assim o reconhece e age.

No contexto filosófico, o conceito *kairós* será utilizado, por exemplo, tanto pelos sofistas como por Aristóteles. Os sofistas irão usar o termo *kairós* para apontar a oportunidade que está a seu favor. É quando se pode tirar vantagem de uma oportunidade. *Kairós* é o momento que se apresenta como vantajoso. Já Aristóteles, em *Ética a Nicômaco*, irá ligar o tempo kairológico com o bem na categoria do tempo: a realização da ação no momento correto é a boa realização da ação. A realização que irá levar a ação a bom termo, ao êxito. Para se perceber o momento correto a se encetar a ação há a necessidade de acribia (*akríbeia*). Nessa concepção há em *kairós* uma dupla perspectiva: por um lado, *kairós* é entendido como o momento que se apresenta como oportuno; mas, por outro, é também o momento da ação oportuna, o momento certo para se começar uma ação que – por ser oportuna – será exitosa. *Kairós* está, assim, ligado ao tempo de realização, de plenitude.

O tempo pleno, no qual as coisas são levadas a bom termo, aproximou o significado de *kairós* ao tempo divino. Deus age no tempo certo! A oportunidade em que Deus se apresenta em ação é, por isso, tempo kairológico. Mas a possibilidade dada por Deus à ação humana é entendida também como *kairós*, o tempo divino para que algo se realize. O texto bíblico em grego irá usar diversas vezes o termo *kairós*. Assim escreve Paulo, na Epístola aos Efésios: "Aproveitai bem o tempo (*tonkairón*), porque os dias são maus" (Ef 5,16). No texto da Epístola aos Hebreus aparece: "Aproximemo-nos, pois, com confiança do trono da graça, a fim de alcançar misericórdia e achar a graça de um auxílio no tempo oportuno (*eukairon*)" (Hb 4,16). E, nos Atos dos Apóstolos, o autor Lucas sabe muito bem distinguir entre tempo cronológico e tempo kairológico: "Jesus respondeu: 'Não compete a vós saber os tempos (*crónous*) nem os momentos (*kairoús*) que o Pai fixou em seu poder'" (At 1,7). Nesse sentido religioso, o tempo kairológico entende-se como tempo no qual ocorre a proximidade divina.

O conceito de tempo kairológico

O tempo cronológico nos marca com sua presença todos os dias, todas as horas. Inexoravelmente! Esta é uma percepção do tempo que nos acompanha, com as alegrias e as agruras que isso traz. O tempo cronológico não nos dá folga: entra dia, sai dia; entra mês, sai mês. Ele está ali. Mas os gregos não pensaram o tempo apenas dessa maneira. Perceberam que há uma outra forma de perceber o tempo, que é quase que contraposta ao tempo cronológico: o tempo kairológico. Este não é o do relógio, mas o do sentimento: ele é o tempo propício, o tempo certo, o tempo oportuno. Ele não está ali necessariamente a todo momento: ele aparece de vez em quando, mostra-se, apresenta-se, deixa-se perceber.

Talvez esta seja até a forma mais antiga de percepção de tempo. Para o ser humano primitivo, quando era o momento de ir à caça? Quando se podia coletar frutos? E isso não só para o ser humano primitivo. Certamente os animais também têm esse sentimento de tempo: qual é o momento certo para os pássaros fazerem seus ninhos? Como as aves de arribação sabem que é o momento certo para partir? Assim que ocorreu a descoberta da agricultura na história humana, também foi decisivo perceber qual era o tempo propício para a semeadura, o tempo certo para a colheita. A relação do ser humano com a natureza funciona em boa parte na concepção do tempo kairológico. E quão desastrosa é essa relação quando o ser humano perde a sensibilidade para essa sintonia. Estamos (re)aprendendo isso amargamente, se é que o estamos. Mas o ritmo das relações humanas também é fortemente marcado pelo tempo kairológico: para os pais, é preciso saber o momento certo para ter certas conversas com os filhos; para quem lidera uma equipe é preciso ter a sensibilidade para o instante certo da conversa de correção, de alinhamento, de incentivo; para quem faz parte de uma equipe de trabalho é necessário sentir se este é o tempo oportuno para pedir aquela palavra reservada com a chefia.

A concepção de tempo kairológico inclui um duplo movimento: por um lado, a percepção de que a oportunidade está presente; por outro, a ação nesse momento da oportunidade. Se o tempo cronológico é sentido como algo externo, algo sob o que cada pessoa está o tempo todo e que ocorre (ou corre) independente da ação humana, a percepção do tempo kairológico, em contrapartida, é entendida como algo externo que se apresenta, mas que necessita da percepção sobre ser ele oportuno ou propício. Essa percepção da oportunidade está ligada a quem se encontra diante dela.

Nosso encontro com Kairós

O mito grego de Crono apresentava um roteiro quase que cinematográfico para pensar as experiências que temos no encontro com o tempo cronológico. Já os elementos do mundo grego em torno de Kairós são um pouco mais dispersos. Não temos uma história linear e clara. E esta talvez seja justamente a primeira lição de Kairós: as oportunidades não aparecem com uma regularidade linear, que possa ser calculada, medida e planejada em metas e prazos. Mas, mesmo não havendo esse roteiro claro, as informações da Grécia antiga sobre Kairós nos são de uma riqueza considerável.

O encontro com Kairós nos leva a pensar em nossa condição existencial: somos seres marcados por decisões. Se nós mesmos não decidimos, decidem outros a nosso respeito. Embora isso aconteça muitas vezes, concomitantemente: nós decidimos, outros decidem por nós. Mas decisões são inexoráveis. Existir é decidir. A questão de *kairós* não está ligada em primeiro lugar a decisões, mas sim às oportunidades que se mostram e à percepção de que são propícias naquele momento. Por isso, o tempo kairológico é o tempo propício.

Sobre o como as oportunidades nos são apresentadas, o texto do poeta grego Poseidipos traz diversos elementos que já experimentamos; tanto positivos quanto negativos. Quem de nós nunca perdeu a chance de agarrar alguma oportunidade? Quem nunca deixou uma oportunidade passar? Mas em muitas ocasiões não deixamos passar a oportunidade, vimos que o momento era propício e tomamos a decisão certa. E é provável que já tenhamos dito sobre alguém: a pessoa não deixou passar, agarrou a chance que apareceu! E sobre outros: que pena, deixou a oportunidade passar! "Eu sou Kairós, aquele que a tudo suplanta!" Kairós, o deus grego do tempo oportuno, assim se apresentou no texto do poeta. Ele suplanta, ultrapassa a tudo; ele é mais rápido do que o nosso ritmo. E "eu, Kairós, ando sem parar". Esta é outra experiência amarga que talvez já fizemos: a oportunidade aparece. "Que bom que tenho a chance! Vou ver então e depois decido". Vã ilusão! *"Por que tens asas nos pés?* Eu apareço de repente, como o vento". O deus grego Kairós, assim diz o poeta, tem como caraterística não apenas o fato de nunca parar, como também a de se mostrar "de repente, como o vento".

Quando a oportunidade se mostra, esse também é o momento em que cabe a decisão. *"Por que tens uma mecha de cabelos caída sobre a testa?* Para que quem me encontre, consiga me agarrar". A chance precisa ser agarrada no momento em que ela aparece. A quem a oportunidade aparece, ela também se deixa agarrar. E se não a agarramos? *"Por que és careca na parte de trás da cabeça?* Para que quando eu já tiver passado com meus pés voadores ninguém mais possa me segurar por trás, por mais que se esforce". Essa amarga experiência de querer agarrar o careca por trás, todos já passamos por ela. É doloroso perceber que a chance passou e nós não a agarramos. E a tentação que temos é correr atrás da chance que passou! Esforço inútil. Podemos, sim, pensar na chance que passou. Não precisamos tê-la em malquerença. Mas nem por isso ela vai voltar. Podemos ter chances parecidas, isto sim. Mas cada chance é única! Perceber a oportunidade que aparece e então agarrá-la, este é o tempo kairológico. Ele traz consigo algo decisivo: *"Por que tens em tua mão uma faca pontiaguda?* Para lembrar aos homens que sou mais cortante do que uma faca". O tempo kairológico corta: o antes e o depois; o agarrar a oportunidade ou o perder a oportunidade.

Lidar com o tempo kairológico requer a sabedoria da sensibilidade, da percepção. É uma sabedoria delicada, não tão simples de ser aprendida. Muito mais afeita ao afeto, ao cultivo, ao cuidado, ao auscultar as coisas: a si mesmo, o contexto, as pessoas. *"E por que o artista criou tua representação?* Para servir de ensinamento a vós, os passantes!" Na última frase do poema relatado, Kairós inverte a perspectiva: não é só ele que anda sem parar. Nós também somos passantes. Temos também um quê de kairológico em nossa existência. Estar aqui, nesta vida; esta é nossa oportunidade! O tempo kairológico nos ensina algumas atitudes de vida. Por um lado, não adianta lamentar as chances perdidas. É querer agarrar o careca por trás. Mas, se examinarmos nossa vida perceberemos que muitas vezes já fizemos isso: ficarmos lamuriando por oportunidades não agarradas, por decisões profissionais, por decisões de atitudes e – o que talvez nos é mais doloroso – por situações de relacionamento. Que às vezes deixamos passar oportunidades que nos foram apresentadas, lamentando-nos profundamente. Muitas vezes por anos e anos, ou pelo resto da vida. Lembremo-nos da faca na mão de Kairós: ela corta, divide, separa! Kairós dança "no fio da navalha". Quando temos a clareza de que uma grande oportunidade nos foi apresentada, igualmente temos a sensação de estar no fio da navalha. Se esperamos muito para decidir, temos a situação de Kairós que também é representado apontando para o prato da balança que está pendente: o peso da oportunidade perdida que nos fica às costas (ou como peso na consciência). A psicologia cunhou até o termo kairofobia, para indicar o medo de tomar decisões, a incapacidade de agarrar a oportunidade que se apresenta. Mas, por outro lado, o tempo kairológico tem um quê de esperança, tem um quê de sempre-possível. Ele não se apresenta como ameaça, mas sim como oportunidade. Por isso, talvez, a tradição cristã tenha ligado esse tempo à ação de Deus.

Kairós em tempos de pandemia
Estar olhando o careca por trás. Esta foi uma sensação muito presente nos tempos de pandemia. O tempo que estaria ali como oportunidade, com a qual até já contávamos, que estávamos já vislumbrando a mecha de cabelo caída na testa que ia ser agarrada. E, de um momento para o outro, era só a careca que víamos.

A situação instalada não dava mais a mínima chance de agarrar aquela oportunidade que até há pouco tempo poderia parecer líquida e certa. Adianta olhar o careca e lamentar que ele já passou? Não, de nada adianta! Mas demoramos um tempinho para perceber esse fato.

Outra atitude muito presente foi a de imaginar que Kairós logo voltaria. Como ele tinha afoitamente furtado de se mostrar, ele também afoitamente voltaria a se apresentar. Não, o tempo kairológico anda sem parar. Ele não volta. Muito menos para quem dormiu no ponto e não viu a chance passar. Se o tempo cronológico tem uma dimensão quantitativa (mensuração), o tempo kairológico tem a dimensão qualitativa (densidade). Não se trata de contrapor ou valorar uma ou outra concepção. Elas são diferentes, e isto é preciso notar. Este tempo de exceção nos obrigou a perceber que estávamos num outro tempo. Olhá-lo simplesmente como cronológico foi um ledo engano. O tempo cronológico continuava – inclusive para o nosso desespero – a ser contado com os mesmos critérios de horas, dias, semanas. Mas o que mudara fora a qualidade desse tempo: foi necessário reorganizar os critérios para estar em dia com o novo momento. O tempo kairológico é sempre atual. Não existe passado kairológico: a oportunidade acontece agora. Pensar numa oportunidade "no passado" é pensar em uma "não mais" oportunidade. É querer agarrar o careca por trás! Disto tivemos de aprender a largar mão.

Quem conseguiu largar mão de ver as oportunidades que não mais se apresentariam como da forma esperada, quem ativou a sabedoria da sensibilidade e da percepção, estes tiveram a grata surpresa de que novas mechas de cabelo apareceram para serem agarradas. Feliz de quem as agarrou neste novo tempo.

Segundo a mitologia grega, Kairós seria o filho mais novo de Zeus; portanto, neto de Crono. O tempo kairológico só existe porque Zeus enfrentou Crono, o domesticou, fez as pazes com ele.

O tempo kairológico supõe o enfrentamento e a pacificação da tirania cronológica. Mas Kairós não obedece ao seu avô, negando-se a ser cronometrado. O tempo kairológico está mais ligado à sabedoria do "saber levar a vida". Expressão que indica um certo não se importar com Crono, mas estar vivamente sensível e atento a Kairós. E isso exige aprendizado.

Reinventar-se para re-existir, e assim (sobre)viver, foi uma das sabedorias quase que impostas neste tempo de exceção. Fomos forçados sem dúvida a um aprendizado, a um conhecimento de nós mesmos. Cada um de nós teve o sentimento de chegar a algum limite neste período. Mas como avançar quando se chega ao limite? Já estamos, então, falando de um outro tempo, do tempo de amadurecimento.

3 Digerir a própria história: o tempo aiônico

Além de *cronos* e *kairós*, a língua grega tinha um terceiro conceito para indicar uma ideia específica de tempo, a palavra *aion*. Porém, é um termo um tanto mais complexo do que os dois anteriores. Se *cronos* é utilizado praticamente só no sentido que chamaríamos de tempo cronológico e *kairós* no sentido de tempo propício – este com diversas acepções –, *aion* é uma palavra utilizada em diversos contextos e não indica somente a ideia de tempo. Vamos aqui, entretanto, nos concentrar nos significados deste termo ligados à ideia de tempo, embora não se consiga separar isso tão facilmente.

À semelhança de *kairós*, *aion* teria sido primeiro utilizado mais como um certo conceito de tempo, e somente mais tarde personificado na mitologia como divindade. Temos de deixar claro que essa inserção de Aion como divindade na mitologia grega é pouco representativa. Mas teria havido, com certeza, um culto a Aion, isto o atestam sítios arqueológicos, embora sejam do tempo dos romanos. Mas é na questão mítica e em sua representação que iremos focar boa parte da reflexão. Antes de irmos à parte mitológica, vamos a um pequeno panorama dos usos e compreensões do termo.

No período mais antigo da Grécia clássica, o conceito *aion* designava o tempo universal ou o tempo eterno. Havia nisto a ideia de um tempo da totalidade, que podia aparecer também dividido em eras ou épocas universais. O conceito também se aplicava à individualidade, significando então o tempo de vida das pessoas, compreensão que talvez ainda esteja presente quando falamos de longevidade (individual). Pode-se traduzir longevidade estatisticamente em termos quantitativos (tantos anos), mas não é a isso que estamos nos referindo aqui, e sim à ideia de longevidade no sentido de tempo de totalidade, independente de contagem numérica.

Esta ideia de longevidade, ou seja, a totalidade do tempo no qual há vitalidade, a medicina grega antiga também utilizou, interpretando-a como força vital. A sede dessa força vital era vista como localizada na medula cervical, chamada *aion*. Há aqui, no termo *aion*, o entrecruzamento de dois conceitos: o de longevidade e o de vitalidade. Ambos transpassam o ser humano como um todo, tanto do ponto de vista existencial como do ponto de vista da corporeidade. A totalidade da existência e a da corporeidade são expressas pelo conceito *aion*.

Na filosofia grega, o uso do termo *aion* é bastante amplo e conhece um longo desenvolvimento ao qual só podemos aqui acenar. A menção mais antiga estaria na doutrina do *logos* de Heráclito, um pensador pré-socrático. Ele teria escrito: "Aion é um garoto que joga e coloca as tábuas de pedra pra cá e pra lá; ao garoto pertence a soberania". O jogo aqui é o tempo, e as tábuas de pedra são as diversas formas de divisão do tempo: dia, mês, estação etc. Tendo as tábuas de pedra sido todas jogadas, o jogo termina. Elas então são empilhadas, e o jogo recomeça. Ou seja, terminada cada forma de contagem de tempo, é como se esses "pedaços de tempo" (tábuas) fossem empilhados na posição inicial, e tudo recomeça. É uma imagem para indicar a compreensão de tempo cíclico. Ao terminar uma fase, tudo volta à estaca zero, e o jogo recomeça: terminada a semana, ela recomeça no primeiro dia; terminado o ano, ele recomeça em "primeiro do ano". Para Platão, o conceito de *aion* aparece como contraposto a *cronos*, que é o tempo corrido, sentido empiricamente como cíclico mas continuado e que está justamente sob o deus Crono. É o tempo tanto cíclico como retilíneo, mas que passa. Já o tempo aiônico seria percebido nos movimentos dos corpos celestes. Eles não são eternidade em si, mas a imagem, a representação dela. Esses movimentos também são cíclicos, mas não passam, voltam eternamente. Dessa ideia os neoplatônicos irão derivar que *aion* é a ordem e o tempo do universo. Para Aristóteles, *aion* indica o tempo da totalidade. Se entendido de forma individual, é a totalidade da vida de alguém; se entendido de forma ampla, é totalidade da existência universal (que se poderia também chamar de eternidade).

Pensado do ponto de vista religioso, na Grécia antiga, *aion* era o tempo sem limite, o tempo total e, portanto, o tempo que estava sob a égide dos deuses. Às vezes também traduzido por eternidade, embora essa tradução não seja exatamente o que se pensava. O conceito *aion* irá ser utilizado também tanto pelo judaísmo como pelo cristianismo em suas escrituras; por exemplo, quando – escrevendo em grego – querem se referir ao tempo num sentido de tempo divino. O termo ocorre inúmeras vezes na tradução grega dos textos judaicos conhecida como septuaginta. Também é muito comum nos textos cristãos do Novo Testamento. Apenas a título de exemplo, temos: "Ao passo que ao Filho diz: 'Teu trono, ó Deus, permanece para sempre, e o cetro da retidão é o teu reino'" (Hb 1,8); "Tu és sacerdote para sempre, segundo a ordem de Melquisedec" (Hb 5,6). Nestas duas passagens, o "para sempre" é a tradução de *aion*. No Evangelho de Lucas há uma passagem interessante, usando o termo *aion* duas vezes: "Ninguém que deixou casa, mulher ou irmãos, pais ou filhos por amor do Reino de Deus, deixará de receber muito mais neste mundo e, no mundo futuro, a vida eterna" (Lc 18,29-30). O termo *aion* é usado tanto na expressão traduzida por mundo futuro como por vida eterna. Mas a passagem do Novo Testamento que mais acabou marcando a tradição cristã com a expressão *aion* foi escrita por Paulo: "Ao Rei dos séculos, Deus imortal, invisível e único, a honra e a glória pelos séculos dos séculos. Amém" (1Tm 1,17). *Aion* é utilizado três vezes na frase e aqui traduzido por séculos. A expressão "pelos séculos dos séculos" ou, em outra tradução, "como era no princípio, agora e sempre" é a maneira como o cristianismo adotou esse conceito grego de tempo universal, tempo que abrange o todo: tempo do começo, tempo do agora e tempo do fim.

Em algum momento, na cultura grega, *aion* é personificado, apresentado então como um deus no emaranhado e complexo mundo dos mitos. Como não é encontrado em narrativas míticas mais antigas, há quem diga que seria ele um deus importado e acomodado então entre os deuses gregos. Vê-se, em sua origem, tanto elementos iranianos como os provindos do Egito. Nas diversas menções a ele, há elementos interessantes para se pensar o conceito de tempo que ele representa. O poeta das tragédias gregas Eurípedes o vê como filho de Crono; outros o apresentam como filho de Zeus (o filho caçula, inclusive), embora isso não seja algo tão extraordinário, dada a grande prole de Zeus.

Há duas representações de Aion que são deveras interessantes para o conceito de tempo que ele representa. Numa delas, Aion é representado como deus jovem, dentro de círculo formado pelos animais do zodíaco, e o círculo é composto pelo ouroboros, a serpente que engole ou morde a própria cauda. A figura de ouroboros é encontrada em diversas culturas e – mesmo na cultura grega – não é exclusividade de Aion. Já o poeta Nono de Panópolis, que viveu no tempo tardio da Grécia clássica, descreve Aion como uma figura de cabelos brancos, fraco, já pela idade, e que é conselheiro de Zeus. Aion gira a roda do tempo, e com isso sempre de novo rejuvenesce. Segundo esse poeta, Aion também teria tido influência no nascimento de Afrodite, filha de Zeus com Hera e tida como a deusa grega do amor e da beleza. No tempo do Império Romano ocorre uma espécie de apropriação sincrética de Aion como o deus da perenidade do império, e ele é feito esposo da deusa romana Aeternitas.

O conceito de tempo aiônico

A compreensão aiônica de tempo inclui diversos elementos. Por um lado, há a ideia de totalidade. Independente de qual seja a totalidade à qual está se referindo, o tempo aiônico designa a totalidade do tempo dessa realidade à qual o conceito está sendo aplicado. Assim, aplicado ao universo, *aion* designaria o tempo da totalidade do universo. Pode-se chamar isso de eternidade? De certa forma, sim. Mas o tempo aiônico não é entendido como um tempo estático. A eternidade do universo é dinâmica na compreensão aiônica grega. Ela pode ser vista em ciclos; a eternidade é composta. Como dizia Heráclito, *aion* é um garoto que joga as tábuas de pedra (esta é a parte dinâmica de *aion*). Elas são depois novamente empilhadas e o garoto recomeça a brincadeira (esta é a parte cíclica de *aion*). Juntando os dois movimentos, temos o tempo aiônico. É eterno, sim, mas uma eternidade que se move, que de certa maneira se renova a cada ciclo, mesmo que estes pareçam repetição.

O conceito de tempo aiônico também pode ser aplicado ao ser humano. Ele indica a totalidade de tempo que abarca uma individualidade. Como já mencionado anteriormente, talvez o conceito de longevidade possa precisar melhor essa ideia de tempo quando pensado em relação à individualidade. Não se trata de um tempo fixo, em termos cronológicos (sempre uma mesma quantidade de anos, p. ex.). E a longevidade não tem a ver com o final de algum período de vida; mas ela se refere ao todo. Assim, o tempo aiônico, visto como aquele que abarca o todo de uma pessoa, não é um todo estático: cada qual passa por muitos e muitos ciclos de vida. E nessas composições (as tábuas de pedra amontoadas, de Heráclito) é que surge, aparece, percebe-se o todo de cada qual. A compreensão de tempo aiônico faz perceber que esse todo da individualidade não é um todo monolítico, que permanece intacto e intocado. Somos um todo que vai se formando e conformando. Ter a consciência disso é sentir o tempo aiônico.

Nossa experiência com *aion*

Embora *aion* represente o tempo da totalidade, do universo, nós provavelmente não nos confrontamos com essa experiência, a não ser em nosso mundo mental. Já o tempo aiônico entendido como a totalidade de nossa individualidade, com este, mais cedo ou mais tarde, vamos nos encontrar.

Uma experiência muito comum do tempo aiônico é a de que nossa vida é composta por ciclos: encerramos ciclos, começamos ciclos; alguns, nós mesmos colocamos um fim (por motivos que podem nos ser benfazejos ou dolorosos), outros ciclos de nossas vidas são encerrados por outrem (basta pensar em uma demissão no trabalho). E o normal é que a um ciclo siga outro. Disso não há dúvida, queiramos ou não!

O tempo percebido, experimentado e sentido como aiônico – isto é, uma totalidade dinâmica, de ciclos – pode nos trazer alguns dissabores: é geralmente muito tentador continuar numa zona de conforto e não querer mudanças. Mas se analisarmos melhor, aquilo no qual nos tornamos hoje só foi possível porque tivemos a capacidade de deixar algo para trás e assumir uma outra coisa. O tempo cíclico, que se renova, é o tempo que dá possibilidade de recomeçar. Esse recomeçar nunca é absoluto, sempre é a partir do tempo já vivido. Sempre que vamos para um novo ciclo, nós o levamos junto. E por isso *aion* permite análise, melhora e progresso. O tempo aiônico nos traz a ideia de que a totalidade de nossa existência é composta por renovação. O que forma o tempo é o desenvolvimento ou a evolução, embora estas palavras talvez não sejam tão boas para designar a passagem por ciclos.

A figura de ouroboros posta na representação do deus Aion nos é, aqui, de grande valia: nesta figura há três elementos que nos trazem conhecimentos interessantes. O primeiro deles é a continuidade cíclica: o círculo formado pela serpente mordendo a própria cauda mostra uma noção de tempo com continuidade cíclica, e não continuidade retilínea. Um segundo elemento para a noção de tempo aiônico é que a serpente, ao morder a cauda, representa a retomada do si-mesmo ou em si mesmo. A continuidade acontece na religação cíclica com a nossa própria realidade, e não numa outra realidade. É uma ilusão – na verdade, uma armadilha – imaginar que em um novo ciclo de vida estaremos em uma realidade totalmente outra. Mesmo sabendo disso, caímos muitas vezes nessa armadilha. Quero sumir! Quem já não disse ou desejou isto? A questão é que nunca sumimos de nós mesmos. O tempo aiônico – e este é o terceiro elemento – é uma interrupção com assimilação. Há a mordida, que representa um corte; mas, ao mesmo tempo, essa mordida reconecta a serpente consigo mesma.

Nós nos experimentamos – assim é o conceito de tempo aiônico – como acumulação de vivências e superação de situações. Acumulação porque sempre se soma a partir do aprendido (a serpente que se morde). Superação porque, se a serpente não engolir a cauda, sua cabeça vai ficar sempre embarreirada (não vai progredir) na cauda, ou seja, a experiência de ficarmos paralisados no fim se não engolirmos o que estava no final do ciclo anterior.

O presente se faz quando se supera o passado, não o jogando fora nem o arrastando junto, mas construindo a partir dele, digerindo-o. Nesse particular, talvez já tenhamos feito os três tipos de experiência: por um lado, querer jogar fora o passado. Isso é tolice. Primeiramente porque não se consegue tão facilmente jogar fora o passado, mas especialmente por se jogar fora o aprendizado que ele trouxe. A outra experiência é a de querer iniciar um novo ciclo carregando junto o antigo. Certamente já fizemos muitas vezes planos de renovação de nossas vidas: desde coisas mais simples como acordar mais cedo e aproveitar o tempo para algum exercício físico, como coisas de maior envergadura, tipo reorientar a vida, seja em âmbito profissional ou de relacionamentos. É muito comum, no entanto, que ao mesmo tempo em que queremos uma renovação, que queremos iniciar um novo ciclo, continuamos a carregar junto as atitudes ou o modo de ser que queríamos ver superado. E, assim, queremos ser uma nova pessoa, mas carregamos junto o cadáver insepulto da antiga pessoa que queríamos ver enterrada. É a serpente que não digeriu a cauda. E esta é a terceira experiência com a qual o ouroboros nos confronta: a cauda precisa ser digerida. O passado de nossa vida precisa ser digerido: nem conservado como é, nem descartado; mas sim, integrado no novo ciclo.

O tempo aiônico também requer de nós uma forma especial de sabedoria: sabedoria reflexiva, que inclui saber fazer autoanálise e saber digerir (incorporar) a própria história. Temos de morder, engolir e digerir nossa própria cauda. Não como um ato resignado, mas como condição existencial de renovação. Independente de nossa cauda ser boa ou ser menos boa, ter elementos que nos sejam agradáveis ou outros desagradáveis. Morder, mastigar e digerir a própria história pode ser um ato muito prazeroso ou um tanto amargo. Mas, independente do sabor, não há como pular essa necessidade. Se não a digerirmos, não nos renovaremos: ou temos a tentação de querer repetir ou carregamos junto o peso. E as duas coisas nos atrapalham enormemente. Há uma certa ilusão de que nossa identidade será tão mais coerente quanto maior continuidade retilínea ela apresentar. Pensar assim é, como diz S. Hall, apenas uma "confortável narrativa do eu". Não há identidade estática! Só permanecemos nós mesmos se nos renovarmos.

O psicólogo C.G. Jung irá fazer uso do conceito *aion* no contexto de sua teoria sobre o si-mesmo. O si-mesmo acontece não como ponto de chegada, mas como processo. Famosa ficou sua expressão "processo de individuação". Ele irá usar também a figura do ouroboros, observando que nela há sempre a volta à origem, e nesse movimento é que acontece o processo, não como repetição, mas como a originalidade da pessoa, o si-mesmo (do alemão: *selbst*, que indica o que lhe é próprio, original). Voltar-se ao si-mesmo é o estar concomitantemente no mesmo e no novo. É o jogo do garoto de Heráclito. Ou, como disse em certa ocasião o filósofo Mario Sergio Cortella: "Somos a cada dia uma nova edição de nós mesmos, revista e por vezes ampliada!"

Aion em tempos de pandemia

O encontro com o tempo aiônico é o encontro com a nossa própria existência. Em tempos de pandemia, este encontro nos foi servido talvez em um tempero bem amargo. Quem estava preparado para se encontrar tão desnudadamente consigo mesmo? Por um lado, pode ser muito lindo ouvir que o tempo aiônico requer a sabedoria reflexiva: analisar a si mesmo, digerir sua própria história! Mas precisava ser tanto? É o que nos perguntamos. Já estamos tendo talvez o sentimento de má digestão com tanta ingestão de si mesmo. Não é fácil se ocupar com nossa totalidade, ficar tanto tempo conosco mesmos. Este é nosso sentimento.

Mas olhemos novamente o ouroboros que circunda *aion*: ele é dinâmico. Nossa angústia neste tempo provém em grande parte da sensação de estarmos parados, do sentimento de que nada se move.

Se assim estamos nos sentindo é porque mordemos a nossa própria cauda, mas não a digerimos. Continuamos ali, presos na mordida.

A percepção do tempo aiônico elabora uma espécie de ponte ligando o sentimento do tempo cronológico – e então percebemos avanços (ou não), percebemos se estamos mais plenos (ou não) neste momento – ao tempo kairológico – dando-nos a clareza de termos (ou não) aproveitado as oportunidades que nos foram apresentadas neste período. Pelo sentimento e percepção aiônicos, comparamo-nos com os ciclos anteriores, temos a consciência para analisar e crescer. E isso em qualquer momento. *Aion* é representado num círculo. Nunca estamos fora de nossa totalidade: nela nos movemos, nos renovamos e assim somos. Este é o conselho de *aion* para este tempo. E se continuarmos a girar a roda, as coisas velhas irão levar ao rejuvenescer. Mas é preciso girar a roda. Esta é a condição de *aion*.

Nono de Panópolis disse que Aion teve um papel no nascimento de Afrodite: deusa grega do amor e da beleza. Beleza e amor: ajudar no nascimento desse divino como plenificação para nossa totalidade, neste momento! Se isso nos for verdade, Aion girou a roda do tempo e rejuvenesceu.

4 De quem somos contemporâneos? O tempo sintópico ou distópico

A quarta forma de perceber o tempo à qual aqui vamos nos referir não tem origem na mitologia grega. Neste tópico, queremos apontar para a maneira coletiva, social, cultural de se perceber o tempo. Isso tem a ver com a contemporaneidade. De quem somos contemporâneos? Somos contemporâneos daqueles e daquelas que vivem nesta mesma época. Esta é a resposta da contemporaneidade vista a partir da ideia do tempo cronológico. Há, porém, um outro sentimento de tempo contemporâneo que não o cronológico. Por exemplo: a leitura de uma obra escrita há séculos pode nos levar ao sentimento de que "também pensamos e sentimos exatamente como descrito no texto". Por outro lado, já encontramos pessoas que nos narraram suas ideias e comportamentos, e nós pensamos: "em que tempo vive esta pessoa?!" É a esse sentimento de tempo de convergência ou divergência nos modos de pensar, sentir e agir que estamos chamando aqui de tempo sintópico e tempo distópico.

Estas duas palavras (sintopia e distopia) já existem e são compostas a partir do grego. *Tópos* significa lugar. Sintopia é o lugar convergente, correto; distopia é o lugar anômalo, divergente. Estaremos usando esses termos para pensar uma forma de sentir o tempo: o tempo sintópico seria, então, o tempo convergente; o tempo distópico, o tempo divergente. Convergência e divergência que serão entendidas aqui em sentido cultural, de pensamento, de costumes, de comportamentos, de ideias, de sentimentos sobre o modo correto de vida.

A inspiração para se chamar dessa forma uma maneira de sentir o tempo foi tirada de uma obra escrita no período renascentista. Mais precisamente, a obra *Utopia*, escrita pelo inglês Thomas Morus e publicada pela primeira vez na Bélgica no ano de 1516. É considerada uma das obras-primas do humanismo renascentista. Esse texto pode ser visto de diversas maneiras: por um lado, é uma obra de ficção; por outro lado, é um texto filosófico. Mas também é claramente um texto de ciências políticas ou sociais. Morus cria um personagem, Rafael Hitlodeus, com o qual se encontra e tem diversos diálogos. Rafael é um homem culto, sabe latim e grego, e teria lido quase tudo das obras clássicas antigas. É um português de nascimento e resolvera viajar pelos mares com Américo Vespúcio. Rafael conta de suas experiências de viagens a respeito de diversas repúblicas. A obra é dividida em dois livros. No primeiro são apresentadas experiências ou observações feitas pelo viajante a respeito de repúblicas europeias da época. Trata-se, na verdade, não necessariamente de observações, mas sim de críticas bastante fortes a sociedades conhecidas por Morus. Críticas estas postas na boca do viajante português, em diálogo com Morus. Observa ele que "a maioria dos príncipes se ocupa mais prazerosamente de assuntos militares [...] do que da boa arte da paz". Também critica a função do aparato militar: "Toda a pátria, mesmo que em paz – se isso é estar em paz –, está tomada e ocupada por soldados mercenários, mantidos pela mesma convicção com a qual vós recomendais que aqui sejam protegidos os criados ociosos". Há também a crítica aos juízes que se mostram muito zelosos com algumas causas que parecem justas, mas não o são: "Então, por que esta justiça extrema não é devidamente chamada de injustiça extrema?" Faz igualmente críticas ácidas a autoridades que não tratam de cuidar do povo a elas confiado: "Qualquer um que viva sozinho no luxo e nos prazeres, enquanto uns gemem e outros se lamentam, não é o responsável por um reino, mas o guarda de uma prisão, tal como um médico muito imperito que não sabe curar um doente a não ser com outra doença, e que, assim, não conhece outro caminho para corrigir a vida dos cidadãos do que não lhes arrebatar as comodidades, que é alguém que, por fim, confessa não saber reinar sobre homens livres. [...] Por causa desses vícios, acontece de o povo desprezá-lo ou considerá-lo com ódio". Boa parte de suas observações críticas às sociedades europeias, Rafael as faz às elites dirigentes e culturalmente decadentes: "É isso o que eu falava. Não há lugar para a filosofia junto aos príncipes".

Rafael narra maravilhado, a partir do final do primeiro livro e em todo o segundo, que em suas viagens com Américo Vespúcio conheceu uma ilha, Utopia, com uma república extraordinariamente bem organizada. Uma das questões fantásticas do modo de vida dali era o fato de não haver propriedades privadas: "Não existe nenhuma casa que não tenha a porta da frente voltada para a rua e a porta de trás para o jardim. Além do mais, essas portas, bífores, que, com um leve toque de mão se abrem e, depois, por vontade própria, se fecham, admitem qualquer pessoa, pois não existe nada privado – as próprias casas, uma vez a cada dez anos, são trocadas entre os cidadãos por sorteio". Ele narra o cuidado que vira em Utopia para com os doentes: "Em primeiro lugar, consideram as refeições dos doentes, que são atendidos em hospitais públicos". Aos utopienses "espanta-os ainda que o ouro [...] agora e em qualquer lugar seja a tal ponto estimado pelos povos que o próprio homem, justamente quem administrou o seu valor para uso próprio, seja muito menos valorizado do que o próprio ouro". Em Utopia, a religião podia ser escolhida livremente e se entendia que "ninguém deve ser ofendido por causa de sua religião". Ali naquela república, os ideais de partilha dos bens não eram uma questão de virtude pessoal, mas de consciência comum: "Mas esses homens degenerados que, com uma cobiça insaciável, dividiram entre si o que teria sido suficiente para todas as pessoas, estão tão distantes da felicidade da república dos utopienses". Thomas Morus descreve a tal ilha que conhecera em suas viagens com tantas informações e entusiasmo, que muitos dos leitores da obra ficaram ávidos por visitar ou morar na ilha de Utopia. Diz-se que alguns que tiveram contato com a obra chegaram a pensar que se tratava mesmo da descrição de uma república no Novo Mundo, como eram conhecidas as terras às quais o expansionismo europeu estava chegando naquele século. O fascínio e a identificação com a sociedade de Utopia era tal, que não percebiam se tratar de uma descrição idealística, de um lugar que não existia no mapa. E por isso o nome da ilha: Utopia (do grego *óu* = não, e *topos* = lugar; portanto, o não lugar, o lugar nenhum).

O conceito de tempo sintópico ou distópico

As descrições de T. Morus sobre a tal república na ilha que visitara criaram em seus leitores o sentimento de querer ser próximos, contemporâneos, conterrâneos dos utopienses. E, ao mesmo tempo, suas mordazes críticas às outras repúblicas levavam à vontade do distanciamento, ao sentimento de querer fugir desses lugares. A descrição dessas duas realidades, com tudo o que elas têm – como modo de pensar, modo de organizar o governo, maneira de tratar as diferenças, formas de disponibilização dos bens, tipos de comportamentos e costumes, maneira de lidar com as diferenças sociais etc. – podem ser utilizadas também – e é o que fazemos aqui – para entender uma outra forma de tempo que sentimos.

Nossa forma de sentir e perceber o tempo também passa pelo sentimento do coletivo e do culturalmente composto. Somos seres que vivem em comunidade, em sociedade. Independentemente de termos muitos ou poucos contatos, nosso modo de ser e estar no mundo depende de nossos conceitos, nossas compreensões, nossas ideias de certo ou errado. Cada qual está convencida ou convencido de uma série de conceitos morais, de costumes, de crenças sobre este ou aquele assunto, sobre a melhor forma de organizar o governo, sobre como devem ser as relações familiares, sobre o que é justiça ou injustiça, sobre as políticas públicas para este ou aquele grupo social, sobre como devem ser os comportamentos sexuais, sobre os direitos e/ou deveres dos governantes, sobre as sentenças que devem ser aplicadas aos criminosos, sobre o que é a forma certa de se entender os diversos papéis numa família, sobre o modo correto de se lidar com os recursos naturais, sobre como deve ser o sistema educacional, e assim por diante. Poderíamos aumentar consideravelmente esta lista. Mas creio que esta pequena amostragem já conseguiu apontar para o que se está entendendo por tempo sintópico e tempo distópico. Nós nos sentimos contemporâneos de uma série de pessoas com as quais compartilhamos muitas convicções. Este é o sentimento do tempo sintópico, o sentimento de convergirmos para um mesmo lugar temporal coletivo. Vivemos no mesmo tempo cultural, social, de ideias, de sentimentos e pensamentos. Não necessariamente cem por centro, mas em boa parte. Já em relação a outros grupos, sentimo-nos completamente distantes, discordantes, longe. Parece-nos que são pessoas cujas formas de compreender o mundo, de achar o que é certo ou errado, não são desta época. Estão totalmente fora de nosso tempo – assim é nossa avaliação. Este é o sentimento do tempo distópico. Não me sinto contemporâneo de tal ou tal modo de pensar ou me comportar, sinto que o grupo tal é de outro tempo.

Quando pensamos em contemporâneos, pensamos geralmente no tempo em forma cronológica. Contemporâneos são aquelas e aqueles que se encontram ou fazem parte do mesmo momento, da mesma época no sentido cronológico, de contagem numérica de anos. O tempo sintópico é uma outra maneira de sentir e compreender contemporaneidade: o de pessoas ou grupos estarem num mesmo tempo cultural, ou de pensamento, ou de sentimento ou ainda de compreensão de existência. Há a antiga piada do caipira que leu Platão e disse: "Este cara pensa como eu". Ou seja, ele sentiu-se contemporâneo de Platão. Não num sentido cronológico, mas de ideias, de compreensão do mundo. Assim, no sentido sintópico podemos ser contemporâneos de pessoas ou grupos de outras épocas cronológicas; e no sentido distópico não nos sentimos contemporâneos de pessoas ou grupos que fazem parte de nossa mesma época cronológica.

Nosso encontro com o tempo sintópico e distópico

Esta compreensão de tempo que estamos aqui apresentando é muito importante, especialmente para entendermos a época cronológica que estamos vivendo; época cultural, social, política, de costumes etc. Ela se mostra talvez muito mais como um certo bem-estar ou mal-estar, do que algo ligado inicialmente ao sentimento de tempo social. Aparentemente, todos estaríamos num mesmo tempo, seríamos contemporâneos. Mas porque estamos experimentando tantos desencontros, tantas tensões sociais, tanto ódio entre grupos? Muitos choques e tensões ocorrem – no meu modo de ver – por conta da distopia: não estamos no mesmo tempo, não somos contemporâneos. Estamos em tempos diferentes de compreensões culturais, em tempos diferentes de compreensões sociais. Nosso encontro com o tempo distópico pode ser não só desagradável, como violento e cruel.

Vamos partir de um exemplo: por que alguns são xingados de comunistas? Na década de 1960 ou 1970 era muito comum, quando se queria marginalizar alguém, chamá-lo de comunista. Era uma forma ideológica depreciativa, que fazia sentido em meio à Guerra Fria, na qual os dois blocos (capitalista e comunista) se enfrentavam em nível mundial, e cada qual procurava arregimentar adeptos ou influenciar países. O golpe militar de 1964 foi dado também em nome da "ameaça comunista". De repente essa linguagem reaparece, 50 anos depois. Poderíamos dizer: é anacrônico! Mas para muitas pessoas isso ainda faz sentido, pois elas pensam, sentem, compreendem assim: dizer que alguém é comunista é um xingamento. Ou seja, as pessoas que assim se expressam estão no mesmo lugar de pensamento, fala, compreensão de mundo. São contemporâneas. Já para outros, isso não faz o mínimo sentido. A partir deste exemplo pode-se entender esta outra compreensão de tempo: não fazemos culturalmente parte do mesmo tempo. Há dentro da sociedade grupos que formam "lugares/tempos" diferentes de compreensão da existência. E como é difícil pensar em fazer pontes entre esses lugares. Cada grupo tem, na maior parte das vezes, a certeza de que "o outro grupo é totalmente anacrônico", o outro é primitivo e atrasado. Essa situação de sentimentos de tempo sintópico ou distópico poderia ser ainda muito mais complexificada se adentrássemos à realidade de que não fazemos parte somente de um grupo. No mais das vezes somos individual e socialmente sintópicos e distópicos de múltiplas formas.

Temos de admitir que estamos tendo, tanto do ponto de vista pessoal como também social, dificuldades enormes em lidar com essa forma de sentir o tempo. Essa maneira de perceber o tempo (sintópico ou distópico) provavelmente sempre existiu. A questão está em nossa dificuldade de lidar com isso. Estamos tendo o fenômeno de uma polarização (e violenta!) cada vez maior entre os grupos que se atraem, que convergem pelo sentimento de tempo sintópico, ou se distanciam, divergem, contrapõem-se e se combatem pelo sentimento de tempo distópico.

Não cabe aqui neste contexto tentar analisar as origens disso. Vamos apontar apenas para alguns fenômenos dessa nossa dificuldade, tomando por base de exemplo os comportamentos nas redes sociais. Quem de nós já não desfez uma amizade no Facebook por conta de algum comentário ou compartilhamento feito por outrem? Se não chegou a desfazer teve pelo menos essa tentação. Ou então, quem de nós, ao receber um pedido de amizade no Face não deu primeiramente aquela checada na linha do tempo da pessoa para ver o que ela posta ou compartilha? E, embora muitas vezes conheçamos a pessoa, o seu histórico no Face (*i. e.*, aquelas coisas que a pessoa achou certo ou ali apresentou) será o critério decisivo para o "confirmar" ou não o pedido de amizade. Ou ainda, o que tem se tornado um verdadeiro campo de guerra, é fazer comentários totalmente violentos a pessoas ou situações postadas nesta rede social. E não se para por aí: convidam-se amigos de Face como cocombatentes. E, numa verdadeira demonstração de incapacidade total de lidar com o sentimento de tempo distópico, em poucos minutos tenta-se – com comentários-ataques orquestrados por aliados virtualmente arregimentados – destruir a reputação de alguma pessoa ou desacreditar alguma instituição. Com consequências terríveis!

No mecanismo do WhatsApp essa guerra pode ser bem mais invisível, mas, em contrapartida, muito mais cruel e desumana:

há desde os mecanismos mais simples de "bloquear" ou "sair do grupo", até os destrutivos costumes de compartilhar *fake news*, encaminhar a outrem conversas que eram para ficar no âmbito de quem as teve, disseminar deliberadamente mentiras (sob um certo sentimento de invisibilidade, que é então confundida com inocência).

Por estes mecanismos e táticas vamos então construindo mundos (*cosmos*) nos quais só habitam aqueles que nos são afeitos, aqueles dos quais nos sentimos contemporâneos. Esse comportamento tem sido chamado de "bolha". Ou vamos construindo trincheiras a partir das quais, com nossos comparsas, desferimos golpes de tuitadas, bloqueadas ou canceladas. Estar na companhia de nossos sintópicos nos faz, no mais das vezes, tão ilusoriamente convencidos de que esta é a verdade, e que os outros, os distópicos, estão absurdamente "fora da casinha", que nem percebemos ser esse sentimento fruto de algo que reside em nossa própria condição: a incapacidade de percepção da diferença ou do diferente. Essa insensibilidade pode estar nos levando – não só individualmente, mas como sociedade – a situações catastróficas.

Cada um de nós, como também nossas sociedades, tem em si não só virtudes, mas também sentimentos nada nobres, para não dizer capacidades para as maiores maldades. Esses sentimentos e capacidades de coisas terríveis (o pior que temos em nós), no mais das vezes, conseguimos manter aprisionados no tártaro de nossa existência ou de nossas sociedades. A cegueira frente à realidade do sentimento distópico está dando margem ao triste fenômeno de estarmos – individual e socialmente – destrancando as portas de nossos tártaros e deixando vir à superfície da existência manifestações que nunca de lá deveriam ter saído.

Mas como "ligar o efe" virou uma arte (sutil, até!) e o bárbaro é sempre o outro, a minha dificuldade de lidar com o tempo distópico é confundida e propagada como liberdade de expressão. Quem faz barbaridades é o outro, eu apenas expresso livremente meus pensamentos e sentimentos. E assim, opiniões e atitudes que deviam envergonhar qualquer ser humano começam a ganhar cidadania.

É muito mais simples atribuir esses elementos problemáticos aos outros grupos, e a nós a coerência. Nosso encontro com o tempo sentido como sintópico nos satisfaz demais; nossa incapacidade de lidar com o tempo sentido como distópico nos cria barreiras e dificuldades enormes. Aqui também poderíamos invocar um tipo de sabedoria para lidar com essa angústia: a sabedoria cultural. Lidar com diferentes modos de pensar, de agir, de compreender requer de nós uma ampliação de nossos conceitos culturais; isto é, de conceitos que foram e são cultivados por modos distintos de se colocar na vida ou de entender uma sociedade. Isso nada tem a ver com concordar com tudo, que seria um desastre ainda maior. A sabedoria cultural é imprescindível para aproximar-se da compreensão, não para perder a capacidade de distinção.

Convivendo com a sintopia e a distopia em tempos de pandemia

Nossos sentimentos sobre praticamente todas as coisas foram afetados no tempo da pandemia. No que se refere ao sentimento de tempo sintópico ou tempo distópico, ocorrem dois movimentos muito distintos. Por um lado, as privações de convivência social, de afeto, um certo sentimento de estarmos aprisionados por grades invisíveis, o desconforto do uso de máscara e álcool em gel, as preocupações materiais e com o futuro, tudo isso nos deixou um tanto carentes. Nada melhor do que procurar a proximidade de nossos sintopicamente contemporâneos: aumentar a troca de mensagens, recordar os momentos vividos juntos, prometer que, "assim que isto passar", iremos nos encontrar e ir à forra de tudo o que deixamos de fazer. Embora saibamos que talvez não venhamos a cumprir essas promessas, o sentimento do tempo sintópico nos foi muito confortável. É o desejo de conhecer a república Utopia, de Thomas Morus.

Por outro lado, esses mesmos elementos que nos deixaram um tanto carentes também nos geraram uma certa revolta, uma necessidade de procurar culpados e, como animais acuados, mais predispostos à agressividade. E o alvo disso tudo são aqueles e aquelas que geram em nós o sentimento de não sermos contemporâneos, de fazermos parte de mundos distintos; é o sentimento do tempo distópico. Se eles estão fisicamente distantes, nós os atacamos pelas redes sociais, direta ou indiretamente. O sentimento de estarmos a uma distância segura incentiva ainda mais descarregar a bílis. Se eles estão próximos, a vida foi transformada em inferno.

Nem sempre é fácil lidar com esses dois extremos. Queríamos e desejaríamos lidar somente com os contemporâneos, seja na família, no trabalho, na vizinhança ou nos grupos de WhatsApp. Isso poderia parecer uma situação de céu já aqui na terra. Mas não é: o confronto com o sentimento de tempo sintópico, a percepção de que há pessoas que estão num outro tempo – não por atraso, má vontade ou maldade, mas de fato – nos dão a possibilidade de ampliarmos os horizontes, encurtarmos as eras que nos separam e diminuirmos, assim, nosso sofrimento. Mas essa tensão entre o sentimento de tempo sintópico e tempo distópico em relação a nossas convivências sociais não irá passar com a pandemia. Os aprendizados de agora terão prazo de validade bem mais extenso.

5 No princípio: o tempo mítico

"No meu tempo, eu já teria…"

Quando usamos a expressão "no meu tempo" estamos nos referindo a um outro modo de sentir e entender o tempo, diferente dos quatro anteriormente apresentados. Trata-se de um tempo hipotético, não necessariamente localizável na cronologia da vida;

mas também nem se está apontando, no mais das vezes, para algum fato no passado. Porém, aponta-se para uma condição na qual aquela realidade vista agora é posta numa situação-ideal de solução ou encaminhamento. Pretensamente, "no meu tempo", eu teria resolvido a situação. Que tempo é esse, assim tão mágico, no qual eu estaria em condições extraordinárias? Essa nossa forma de falar indica mais uma compreensão específica de sentimento que temos a respeito do tempo e que estou denominando aqui de "tempo mítico". Esta forma de perceber o tempo não tem em sua origem uma divindade ou algum mito grego específico, mas vamos ficar na proximidade da cultura grega, dado que dela advém a palavra mito.

O termo grego mito pode significar tanto história como palavra, narrativa, discurso ou simplesmente som. Tem sido usado, porém, para indicar o gênero literário específico de muitos conjuntos de narrativas surgidos na Grécia antiga, denominados coletivamente de "mitologia grega". Esses conjuntos de narrativas foram considerados no Ocidente por muitos séculos – influenciado pelo cristianismo – como resquícios das chamadas religiões pagãs. No final do século XIX, os mitos começaram a ser estudados especialmente pela antropologia, que via neles inicialmente expressões da mente humana primitiva, de sua fase pré-científica. Nas histórias míticas o ser humano estaria tentando, à época, descrever situações vividas como mágicas ou conduzidas por divindades ou, ainda, por forças que não entendia.

Ninguém mais considera hoje os mitos gregos nem como narrativas de religiões pagãs nem como expressões da mente humana primitiva. Os estudos sobre a mitologia ganham impulso significativo quando os mitos passaram a ser vistos não mais ligados apenas a narrativas presas ao passado e ao desenvolvimento histórico-cultural do ser humano, mas como estruturas permanentes de apreensão, compreensão e expressão do mundo: os mitos como expressão de estruturas representativas. Eles estão escritos em linguagem simbólica, e por isso apontam para realidades humanas estruturantes, e não para fatos do passado (embora fatos do passado possam ter influenciado na composição dessas narrativas). Passaram a ser entendidos como narrativa por excelência, capazes de transmitir – em um gênero específico de linguagem – conhecimentos a respeito da forma humana de estar e de interpretar o mundo, mas especialmente a si mesmo. A apropriação pela psicologia das narrativas míticas levou à percepção da grande riqueza que eles condensam em termos de conhecimento sobre o modo de o ser humano sentir, pensar e agir. Os mitos não falam de pessoas históricas específicas, mas do ser humano e de seu modo de ser.

A palavra mito, em sua origem grega, apontava para narrativas daquela cultura. Este termo foi, entretanto, universalizado, e hoje falamos em mito para apontar expressões similares de outras culturas. Percebeu-se que quase todas as culturas têm essas narrativas simbólicas sobre o ser humano, sobre o mundo, sobre a ordem das coisas, e, assim, pode-se falar apropriadamente em mitologia nórdica, mitologia indígena, mitologia africana etc. Essas coletâneas de narrativas de algum povo ou tradição são localizadas culturalmente no tempo e no espaço, mas todas elas apontam para uma matriz atemporal da qual as mitologias específicas são apenas manifestação em forma delimitada. O mito é o arquétipo que se manifesta diferentemente conforme a época, mas continua presente como questão perene e, mais ainda, presente em nossas representações do mundo. Por expressar dramaticamente fenômenos fundamentais da vida humana – o nascimento, a morte, o amor e o ódio, a glória, a guerra, as relações etc. – ele está presente em nossas concepções coletivas mais caras, e obviamente no mundo contemporâneo. Portanto, essa estrutura simbólica descrita pela linguagem mítica continua viva até hoje; o ser humano ainda cria mitos.

Os mitos são portadores de forças por narrarem questões decisivas, que dizem respeito ao fundamento. Eles representam algo como um embrião de sentido, narram a partir de um lugar no qual são colocadas todas as possibilidades, um permanente e inesgotável nascedouro de sentido. As coisas ali narradas estão numa posição, por assim dizer, acima da caducidade histórica. Este é, pois, um aspecto a ser considerado na forma mitológica de expressão: sua capacidade de não se prender nem a figuras históricas específicas nem a um tempo cronologicamente fixado. A narrativa mitológica transpassa o conceito do delimitado, quer geográfica, histórica ou cronologicamente pensado.

O conceito de tempo mítico

Muitas culturas têm a ideia de um tempo mítico. Embora o vocábulo mito venha dos gregos, a ideia de tempo mítico pode ser aplicada – em princípio – a qualquer cultura. Cada povo elaborou e narrou situações que entende ser de tal envergadura e importância que não se esvaem, que estão presentes nas estruturas da realidade em si. São coisas como ideais, estruturas psíquicas humanas, compreensões de virtudes mas também capacidades de maldades. O momento no qual essas coisas foram definidas é entendido como um tempo antes do tempo; um tempo que fala das origens, da fonte, dos acontecimentos antes da decorrência do tempo nos outros sentidos (cronológico, kairológico, aiônico ou sintópico/distópico). Nele está incluído o sentimento de originante e, por isso também, de originalidade.

As coisas que fazem parte dessa realidade do tempo sem tempo, do tempo mítico, claro que não estão lá por acaso ou por determinação do destino. Foram as sociedades, as culturas que lá as puseram como coisas que se entendem – e se querem –, por um lado, manter livres da corruptibilidade, mas também para que estejam o tempo todo passíveis de recorrência. Assim, esse tempo mítico, imaginado na linguagem como algo de um passado a-histórico, é sentido na verdade como incidindo sobre nossas vidas intermitentemente.

A cultura africana dos iorubanos tem em sua cosmovisão elementos que nos podem ser, aqui, de valia. Na compreensão desse povo há uma realidade da qual toda a realidade individualizada, visível, nominável descende. Essa realidade é chamada de Orum. Nele, não há tempo nem limitações; ele é a origem de todas as possibilidades da existência. Orum é o todo-possibilidade. Quando algo surge – seja o nascimento de um animal, uma planta, um ser humano ou qualquer coisa de nossa realidade –, na compreensão iorubana, essa realidade que surgiu originou-se do Orum, deixou de ser uma possibilidade para ser algo limitado no tempo e no espaço. Mas isso nunca esgota o Orum, pois a realidade dele não está sujeita a diminuições ou limitações; ela é permanentemente originante das realidades individualizadas. Isto equivale a dizer também que no Orum está a matriz do tempo; o tempo que não corre, que não vem nem vai, que não é um ciclo, que não se forma, que é sempre matriz em qualquer tempo. É exatamente isso que aqui estamos chamando de tempo mítico, o tempo sempre-origem. E entre os iorubanos há também narrativas míticas, chamadas de itans. Os itans são as histórias que contam o porquê das coisas. Entre esse povo, quando se pergunta pelo porquê de alguma realidade, conta-se como resposta um itan. Por exemplo: por que são as mulheres que dão à luz as crianças, e não os homens? A resposta vem na forma de um itan. E estes são justamente narrativas de acontecimentos ocorridos no Orum, o lugar do tempo antes do tempo. E por isto os itans narram as estruturas das coisas.

Os romanos tinham uma expressão específica para dizer esse tempo originário: *In illo tempore*. As coisas ocorridas *in illo tempore* não são coisas localizáveis no calendário, mas coisas postas na origem, e, por isso, originárias. Na língua portuguesa há a expressão "em tempos de antanho", que lembra também essa acepção, embora sua origem seja – em nosso caso – enganosa: antanho é a conjunção da expressão latina *ante annum* (ano anterior). O significado da expressão, porém, quer dizer "em tempos remotos".

Nosso encontro com o tempo mítico

O sentimento do tempo mítico desperta primeiramente em nós uma sensação de segurança, de certeza, de acolhimento. As coisas do tempo mítico, em princípio, são aquelas assentadas no fundo de nossa alma. Nós geralmente nos identificamos com elas, pois crescemos numa sociedade na qual justamente esses valores, compreensões, estruturas, modos de entender o mundo e de nele se portar já estavam presentes. Nosso próprio desenvolvimento como pessoas que entendem a realidade à sua volta se deu a partir desses conteúdos do tempo mítico. São esses elementos comuns de uma sociedade que fazem, inclusive, com que ela se sinta como tal, com que haja nos indivíduos o sentimento de pertença.

O sociólogo Durkheim estudou os elementos de coesão e solidariedade que mantêm unida uma sociedade, chamando de religião esse conjunto de fatores essenciais de identidade e integração em uma sociedade. Esta se autointerpreta a partir deles; isto é, entende a si mesma. Durkheim analisou o que chamava de sociedades primitivas e percebeu a importância do *totem* como representação simbólica de coesão social. O *totem* era o ponto de unidade da tribo em torno da concepção de uma origem comum (de alguma força, animal, vegetal ou de figura mítica que passou a ser cultuada). Inicialmente, ele imaginava que somente as sociedades primitivas tinham essa necessidade de representação simbólica para manter a coesão social. Mais tarde irá defender que todas as sociedades, em todos os tempos, têm essa necessidade de mecanismos simbólicos de unidade. Os elementos sociais das representações simbólicas comuns são simplesmente a sociedade projetando a si mesma na consciência humana: é a SOCIEDADE escrita em letras maiúsculas. E cada pessoa de uma determinada sociedade tem uma certa dependência em relação à matriz social como uma realidade na consciência que transcende o indivíduo, exige solidariedade, cria moralidade, pede sacrifício e até renúncia total.

A partir do que Durkheim entende por representações coletivas de uma sociedade podemos fazer aplicação análoga ao mundo mitológico das culturas. Estas fizeram uma espécie de *upload* dos conhecimentos e sabedorias comuns, armazenando-as na nuvem mítica. E nós, comunitária e individualmente acessamos esse conhecimento simbólico originário. Quando o fazemos, sentimos o tempo mítico, encontrando-nos com o tempo "do princípio", com o que experimentamos ser originário.

Embora o nosso sentimento seja de que aquilo que encontramos no tempo mítico seja perene, imutável, na verdade não é. As dinâmicas sociais também influenciam o mundo simbólico, mas com um ritmo diferente daquele marcado pelo cronológico. O sentimento de haver distonia entre nosso sentimento e entendimento de coisas originárias – que muitos em nosso entorno entendem por elementos "de princípio" – nos gera desconforto, o que S. Freud e Z. Bauman chamaram de mal-estar.

Haveria então, além de um possível desconforto, um sentimento benfazejo no encontro como tempo mítico? Talvez em princípio sim, não fosse o fato de sempre haver – e não é de hoje – tentativas de instrumentalização do mundo simbólico. Certamente já tivemos essa experiência não tão positiva de alguma pessoa ou um grupo inteiro usar o "no meu tempo", não como reconexão com o mundo simbólico comum, mas como tentativa de moralização mesquinha, de imposição de verdades próprias (e até fanáticas) como sendo absolutas. E mesmo individualmente, muitas vezes caímos nessa tentação de querer jogar para o tempo mítico nossas convicções mais mesquinhas, querendo impô-las como "originais".

Essas situações, sentidas do ponto de vista individual ou coletivo, não fazem, entretanto, parte do encontro com o tempo mítico, mas, sim, constituem desvios ou tentativas de manipulação desse sentimento.

Se em todos os encontros com as formas de sentimento de tempo narradas anteriormente foi apresentada uma que representa este momento, neste caso sugerimos a sabedoria ancestral. Somos, como indivíduos e como sociedade, portadores e guardiãs de uma rica herança da espécie humana, e nos encontrarmos com o tempo mítico nos desperta para a percepção da riqueza dessa herança. A busca da originalidade de nosso modo de "ser humano" constantemente nos ajuda a recordar nossa capacidade de termos ideais, de podermos acessar e realizar o mundo que chamamos de sonhos. Quando nós os abandonamos, também abandonamos a nós mesmos!

O tempo mítico e a pandemia
Parar para pensar sobre nossa originalidade não é algo que comumente fazemos. As coisas vão se sucedendo, os acontecimentos nos fazendo o traçado a que temos de seguir. Paradas para grandes reflexões sobre a nossa condição original, em tempos normais, parecem-nos até um luxo. Infelizmente não experimentamos na vida apenas o que chamaríamos de tempos normais; vez por outra, somos confrontados com tempestades existenciais. Muitas delas derrubam ou fazem um grande estrago em nossa superfície vivente; outras sacodem, inclusive, nossas estruturas.

O furacão da pandemia é um acontecimento – até agora! – único (no pior sentido da palavra) em nossa história humana. Atingiu e castigou os países, as sociedades e as pessoas, de norte a sul, no Oriente e no Ocidente. Boa parte de nós certamente está usando a tática de assobiar quando se anda no escuro para ter a sensação de que não está sozinha e, assim, espantar o medo. Nada contra essa tática, mas temos de reconhecer o abalo que este fenômeno trouxe. Há muito sofrimento e perda individual; há muita incerteza em relação à sobrevivência: biológica, econômica, social. Teríamos chegado a um limite da espécie humana? Não temos as respostas. Estamos "peregrinando" para tentar entender o que se passa conosco, diz a psicóloga junguiana Amanda Ayres.

É muito claro que neste momento perdemos o sentimento de segurança. E quem disser que não, ouso afirmar que está mentindo ou é alguém extraordinário. Mas dado que não queremos ser tidos como mentirosos e a chance de sermos extraordinários é baixa, temos de admitir a pressão que estamos sentindo. A corda está esticando e, em muitos casos, já atingiu o limite suportável ou já passou dele. Não queremos fazer aqui conjecturas sobre as sequelas deste período. Nosso intento é pensar que o sentimento de tempo mítico pode ser um mecanismo humano importante.

Inês de Praga viveu no século XII. Filha do Rei Otocar I, estaria destinada a uma vida real, sendo, inclusive, pedida em casamento por Frederico II, mandatário do Sacro Império Romano. Não aceitou o pedido, pois decidira assumir uma vida religiosa em pobreza, no ideal de Clara de Assis. Então, Inês passou a sofrer enormes pressões das autoridades políticas e eclesiais da época para anuir à proposição que elas faziam. Escreveu então a Clara, pedindo conselho. Há uma série de cartas trocadas entre as duas, e numa delas Clara afirma a Inês: "Nunca esqueça seu ponto de partida". Este fantástico conselho foi seguido por Inês.

Nesta tempestade que estamos passando, o conselho de Clara é muito bem-vindo: qual é o nosso ponto de partida? Quais são os fundamentos, o originário de nosso modo humano de ser? Do ponto de vista pessoal, social, de relacionamentos, de lida com a natureza. Como diz a filósofa Lara Sayão, é preciso "re-existir, acolher a fonte da força da invenção e do encantamento da vida". Não como um ato novíssimo, como se estivéssemos agora inaugurando a humanidade, mas como esforço por (re)encontrar com o que temos de fundamental. Este pode ser uma espécie de convite que o sentimento do tempo mítico nos faz. Afinal, os mitos não são inverdades, mas, sim, uma forma específica de expressar verdades.

* * *

As cinco formas de perceber e sentir o tempo não são contrapostas nem excludentes. Nós as temos todas e em todo o tempo. Que a consciência sobre elas nos sirva pelo menos de muleta para continuarmos caminhantes.

2
A liderança em busca de seu novo "normal"

Luciano Alves Meira

> *Crise significa separação, decisão, definição. A palavra grega krísis era usada pelos médicos antigos com um sentido particular. Quando o doente, depois de medicado, entrava em crise, era sinal de que haveria um desfecho: a cura ou a morte[1].*

"Nossa geração nunca tinha vivido uma crise dessa proporção. Depois dela, eu não acharia mais nada absurdo", foi o que me disse ao celular o vice-presidente para a América Latina da MSD – Saúde Animal, Edival Santos, um estudioso do desenvolvimento humano e da arte da Liderança. Foi meu aluno, mas poderia ter sido meu professor. Eu o procurei porque queria saber como era estar sentado na cadeira de um líder internacional no instante em que o impacto da Covid-19 nos atingiu. Nessas horas, o conhecimento acadêmico ou livresco pouco ou nada significa em comparação à

---

1 *Dicionário Etimológico 7 Graus* [online].

sabedoria que brota à flor da pele, no calor dos acontecimentos. Reconheci o quanto Edival estava consciente dos desafios que desabaram sobre nós:

> Falar de Liderança positiva quando tudo vai bem é muito fácil, mas é justamente agora que mais precisamos praticar o que estamos aprendendo e implementando ao longo dos anos. Aliás, o que ficou muito nítido para mim é que a crise não faz os líderes. Antes, ela revela os que já vinham se preparando. Nossa liderança, nossas competências, nosso caráter ficaram mais expostos do que nunca.

Cristina Nogueira, experiente consultora de Cultura Organizacional, acostumada a trabalhar com grandes clientes corporativos, descreveu a perplexidade dos líderes a partir das severas transformações de mercado geradas pelo novo coronavírus:

> Eles passaram anos lidando com sistemas alimentados por dados apurados para tomar decisões cada vez mais bem-sucedidas. De repente, esses dados simplesmente não estavam mais disponíveis, a situação era realmente imprevisível. Eles ficaram em suspense, no vácuo. Precisaram enfrentar a lição da humildade. Acho até que muitos se sentiram inconscientemente aliviados, porque, ao serem forçados a admitir a ignorância e a incompetência diante do desconhecido, deram vazão a aspectos humanos que estavam reprimidos: o humano que eles são e nem sempre podem demonstrar.

A Professora Izabela Mioto, sócia-fundadora da empresa Arquitetura RH, sempre em contato com líderes das empresas que atende e das universidades onde leciona, notou uma espécie de bifurcação atitudinal:

> Tomados pela complexidade e pela incerteza, alguns líderes reagiram imediatamente no sentido de tentar controlar os eventos e, principalmente, os resultados. E, por mais compreensível que seja esse tipo de reação

diante do desconhecido, observei que eles acabaram contribuindo para tensionar mais o ambiente, prejudicando o estado psicológico e o desempenho de suas equipes. Enquanto isso, outros líderes adotaram uma atitude mais sensível. Eles acolheram suas próprias vulnerabilidades, entendendo que não precisavam se parecer com super-heróis. Esse tipo de conduta permitiu que se conectassem melhor aos seus times e pudessem dialogar livremente com eles sobre as emoções do momento, deixando claro que tinham também muitas dúvidas e poucas respostas, mas que, juntos, poderiam construir alternativas para um futuro novo que emergiria. Um terceiro grupo ainda oscilou entre essas duas atitudes.

As crises e a Liderança evoluem juntas

A dinâmica biológica que confere aos líderes a tarefa de fazer escolhas difíceis diante de determinadas circunstâncias limitadoras, às quais chamamos de *crises*, é mais antiga do que a própria humanidade. O sistema matriarcal que impera entre os elefantes, por exemplo, se fortalece por ocasião das secas: as fêmeas mais experientes, com sua memória prodigiosa, encontram as fontes remotas de água que garantirão a sobrevivência da manada por mais um ano. Permanecem mais tempo no poder os chimpanzés, que conseguem estabelecer o maior número de coligações com outros machos dominantes, visto que a união convergente do bando serve aos interesses de proteção e eficiência da macacaria.

Mas nunca é demais lembrar que o fenômeno humano é *sui generis* em sua expressão, e que os nossos atributos de liderança acompanham uma intensa plasticidade evolutiva. Em nós, o *instinto*, que pode ser definido como conjunto de comportamentos irrefletidos, foi misturado e, quase sempre, ultrapassado, pelo hábito de análise simbólica da realidade, processo a que denominamos *inteligência*. Tanto o instinto quanto a inteligência têm fins práticos e ferramentais, embora não sirvam exclusivamente à nossa sobrevivência. Funcionam, igualmente, para a otimização da experiência da espécie. A sobrevivência é um óbvio ponto de partida, porém está longe de ser suficiente para realizar as aspirações humanas que se expandem progressivamente graças à nossa já estudada capacidade (ou maldição) de adaptação hedônica; em síntese, nós nos habituamos aos prazeres de ontem até que se tornem o tédio de hoje e que se consolidem na insatisfação de amanhã. Para o poeta português Fernando Pessoa (1888-1935), um dos sinais de que somos humanos está justamente nessa inquietude do querer:

> Triste de quem é feliz!
> Vive porque a vida dura.
> Nada na alma lhe diz
> Mais que a lição da raiz –
> Ter por vida a sepultura.
>
> Eras sobre eras se somem
> No tempo que em eras vem.
> Ser descontente é ser homem.
> Que as forças cegas se domem
> Pela visão que a alma tem![2]

Somos seres culturalmente progressivos, dotados de olhos físicos, mentais e espirituais, e inquietos estamos até que as forças cegas que nos constituem sejam domadas por uma ampla visão da alma: ela quer abarcar todos os infinitos, os tangíveis e os intangíveis. O desconhecido desperta a vontade, atrai a curiosidade, envolve o sentimento, empurra-nos para a evolução, quase sempre de modo inconsequente, como se fôssemos outros *Colombos* que ignoram a exata distância das *Índias Orientais,* mas se lançam à vastidão do oceano, mesmo assim. É esse impulso que nos faz tão diferentes das formigas. Enquanto elas continuam construindo formigueiros

---

2 Trecho do poema "O quinto império". In: *Arquivos Pessoa* – Obra edita [Disponível em http://arquivopessoa.net/textos/96].

muito semelhantes aos que já faziam, para guarnecer a fecundidade de suas rainhas, há cerca de 100 milhões de anos, nós, humanos, saímos, em apenas 70 mil, de um estilo de vida rudimentar em cavernas para a existência em cidades altamente tecnológicas, com 30 milhões de habitantes, em que, entre os indivíduos mais admirados, estão aqueles que propõem a colonização de Marte como resposta aos problemas de superpopulação e da degradação das fontes de recursos naturais do Planeta Terra.

Sapiens versus sapiens

Haja liderança para conduzir, seguramente, tanta volubilidade! E, se considerarmos que a expansibilidade dos potenciais humanos será impulsionada pela manipulação genética e pelos progressos da inteligência artificial, seremos obrigados a concluir que a complexidade de nossa condição ainda irá se intensificar. É possível, então, que a crise de todas as crises não venha de fora: nem do espaço sideral, onde asteroides realizam trajetórias imprevisíveis, nem de catástrofes naturais como *tsunamis*, terremotos e congêneres, nem mesmo de pandemias menores ou maiores que possam nos atingir pelas mais diferentes razões. É provável que a maior dificuldade dos líderes seja sempre a gestão de nossas incontroláveis energias criativas, fenômeno que o físico Albert Einstein (1879-1955) chamou de imaturidade moral da espécie.

A arte de liderar

É essa nossa instabilidade evolutiva que faz com que a Liderança seja uma aventura e uma arte, bem mais do que uma ciência exata, ainda que ela se sirva, habitualmente, de judiciosas pesquisas científicas, como veremos.

Ora, em um capítulo que pretende avaliar o desempenho e as perspectivas dessa arte diante de uma nova conjuntura, preciso delimitar o sentido do termo essencial, o que, a princípio, parece uma tarefa fácil:

Liderança é o tipo e o grau de influência, formal ou informal, que uma pessoa ou grupo exerce sobre os outros.

Contudo, os estudos sobre o Fenômeno Humano demonstram que os líderes se exprimem das mais variadas formas, sendo praticamente impossível descrever e classificar todas elas neste trabalho.

O que posso e desejo fazer é, ao menos, matizar o cruzamento entre os *níveis de consciência* ou maturidade das pessoas e os métodos empregados pelos líderes a fim de influenciá-las. Penso que, se o leitor se der ao trabalho de estudar essas distinções com algum cuidado, poderá entender com muita clareza o verdadeiro desafio que os líderes contemporâneos têm para resolver agora, em busca de um novo "normal".

O *continuum* da Liderança

Comecemos pelo *continuum* da Liderança, que reflete a intensidade maior ou menor de posturas e mecanismos de controle que os líderes utilizam a partir de sua posição influenciadora para conduzir seus liderados; em um dos extremos está o controle total sobre a vida e o trabalho das pessoas; no outro, a ausência completa dele. Vejamos como isso é possível no quadro abaixo, usando nomenclatura próxima daquilo que se costuma denominar *tipos* de Liderança:

> **Liderança autocrática** – O indivíduo, com o poder, lidera por meio do comando e do controle, incluindo coerção e medo. Estabelece-se sobre o carisma e o poder pessoal.
>
> **Liderança autoritária** – As pessoas com autoridade lideram uma cadeia hierárquica e estruturada. Estabelece-se sobre fundamentos legais rígidos e, quase sempre, inquestionáveis.
>
> **Liderança estratégica** – Os maiores especialistas lideram por meio de planejamento estratégico e incentivos tangíveis. Estabelece-se sobre as premissas de crescimento econômico e/ou da otimização e distribuição de lucros.

Liderança colaborativa ou humanizada – A liderança não é atribuída a uma única pessoa. Pode ser rotativa ou ser exercida por conselhos. Estabelece-se sobre a ideia de que precisamos uns dos outros, de que o mundo é feito de diversidade, de que as alianças e as parcerias podem ser o melhor caminho para a inovação, e que as tomadas de decisão devem representar as muitas vozes e as muitas perspectivas das partes envolvidas.

Liderança liberal – A liderança praticamente inexiste, pelo menos do ponto de vista formal, com ampla liberdade de decisão e ação para as pessoas envolvidas. Estabelece-se sobre as bases da confiabilidade e da confiança progressivas, além da premissa de que as pessoas possuem ilimitado potencial de autonomia e responsabilidade, e que alcançam o seu melhor na integração orgânica e flexível uns com os outros.

A meu ver, a noção de que essas denominações se referem a *tipos* de liderança está equivocada. Muito mais produtivo é apresentá-las como *níveis* de Liderança. A distinção entre *tipos* e *níveis*, feita pelo filósofo estadunidense Ken Wilber, confere aos tipos a função de explicar a diversidade horizontal. Existem muitos tipos de bananas: ouro, prata, maçã, nanica, da terra... Seus usos e aplicações acompanham as preferências das pessoas e os requisitos das receitas. A diversidade dos tipos é não apenas aceitável, ela é desejável. Quanto mais numerosas forem as espécies, maior a riqueza tipológica. Já quanto ao conceito de *níveis,* a *banda toca de outra forma.* Sua função é organizar os fenômenos por graus de complexidade. O exemplo mais óbvio é aquele utilizado em nosso sistema educacional. Não se chega ao Ensino Médio sem que se tenha cursado o Ensino Fundamental. Não se ascende ao Ensino Superior sem concluir o Ensino Médio, e assim por diante, respeitando-se certa precedência e o preparo adequado para a passagem de nível. O fato de existirem prodigiosos autodidatas que dispensariam os estágios intermediários para realizar um denso doutorado não sugere que os níveis devam ser extintos. As exceções confirmam a regra. Esse modelo explica melhor a diversidade das abordagens de Liderança, principalmente quando consideramos que nossa consciência pessoal também se expande em níveis, de acordo com a maturidade.

O *continuum* da consciência

Por razões que incluem idade, vinculações culturais, ambiente de trabalho, condições socioeconômicas, psicológicas, fisiológicas etc., as pessoas podem se situar em diferentes estágios em sua trilha rumo à maturidade, como veremos neste outro quadro, criado com base na pesquisa do Doutor Robert Kegan, professor da Universidade de Harvard, autor do *bestseller* internacional *Imunidade à mudança*:

Mente indiferenciada – Nascemos com esta experiência cognitiva: toda realidade é percebida como extensão do *Eu*. O célebre psicólogo suíço Jean Piaget (1896-1980) explicou pioneiramente esse fenômeno como uma fusão bebê-mamãe: onde começa e onde termina cada indivíduo? Para a mente do bebê não há separações. Essa mente fundida ao ambiente não pode, evidentemente, refletir sobre nada. Os comportamentos do bebê são irrefletidos, instintivos.

Mente reconhecedora – A partir do segundo ou terceiro anos de idade, passamos a controlar melhor nossos reflexos e a reconhecer os objetos do mundo como *alteridade*; em outras palavras: o *Eu* percebe o *não Eu*. As reflexões e escolhas conscientes, que têm início de modo rudimentar, se expandem e se complicam à medida que a criança cresce.

Mente estruturada – A partir da idade escolar precisamos desenvolver as primeiras habilidades de controle emocional e do pensamento, o que é bem mais difícil do que lidar com objetos e eventos externos ao *Eu*. O convívio social amplificado e a formalização da aprendizagem aceleram nosso crescimento cognitivo e nos lançam à próxima etapa.

Mente socializada – No término da adolescência e no princípio da vida adulta, nosso *Eu etnocêntrico* deve se consolidar por influência da sociedade e de suas convenções. É nessa etapa que nos esforçamos para encontrar "um lugar ao sol", alcançar o reconhecimento de nossos talentos naturais, a afirmação recíproca de nossa identidade singular. Trata-se de uma experiência difícil, sujeita a toda espécie de insucesso, e que por isso nos torna vulneráveis por longos períodos, de tal sorte que a maioria daqueles que atingem alguma estabilidade nesse nível tem dificuldades para ultrapassá-lo; afinal, qualquer avanço significará novos incômodos indesejáveis. Por esses motivos, e por ainda não termos sistemas educacionais e culturais que verdadeiramente estimulem a expansão dos níveis de consciência, cerca de 60% da população mundial contemporânea não conseguem ultrapassar a mente socializada. Os dados são de Kegan e Lahey[3], que pesquisaram minuciosamente o fenômeno: essas pessoas permanecerão limitadas em sua capacidade de compreensão da realidade complexa, até à morte. É óbvio que alguém que tente liderar a partir dessa altitude da consciência somente obterá êxitos em condições muito restritas.

Mente autoral – Aproximadamente 35% dos adultos conseguem atingir este estágio de abertura da consciência, que nos leva diretamente a uma busca intensa pelo autoconhecimento – incluindo processos de autocrítica e autorregulação. O avanço nesta etapa resultará, após uma série de aprendizados, em uma integridade acima da média: a capacidade de manifestar coe-

---

[3] KEGAN, R. & LAHEY, L. *An Everyone Culture* – Becoming a Deliberately Developmental Organization. Boston: Harvard Business Review Press, cap. 2: "What do we mean by development".

rência entre valores pessoais e comportamentos. Neste nível, as expectativas sociais perdem boa parte de seu poder de pressão sobre o indivíduo, que agirá doravante quase sempre movido por determinações interiores, isento da sedução das imagens comparativas e de estados mentais e emocionais de vitimização.

Mente autotransformadora – Alcançado por um percentual muito pequeno da população, este patamar nos lança para uma dinâmica vital intensa, tendo como principais indicadores a clareza de sentido existencial, a predominância das emoções positivas causadas por fatores singelos, a empatia e o desejo sincero de promover o crescimento daqueles que nos aprovam ou desaprovam. Para a liderança, este estágio representa a capacidade de compreender as diferentes perspectivas da realidade, as camadas de complexidade dos fenômenos, os distintos níveis de desenvolvimento humano e suas necessidades. É uma forma de existência dedicada a servir sem servilismo, movida pelo sentimento de *amor mundi*, expressão criada pela filósofa Hannah Arendt (1906-1975) para explicar o vínculo afetivo incondicional para com toda a humanidade.

Apesar de vivenciarmos flutuações entre os estágios, a manifestação do nível em que nos encontramos é consistente e pode ser mapeada com o auxílio de bons instrumentos de avaliação psicológica e o trabalho de intérpretes experientes. Wilber explica o porquê de esses estágios de maturidade serem tão nítidos em nós:

> Cada estágio sucessivo de existência é uma condição por meio da qual as pessoas passam em seu caminho para outras condições do ser. Quando o ser humano está centralizado num determinado modo de existência (*i. e.*, quando o centro de gravidade do Self paira ao redor de um dado nível de consciência), ele ou ela têm uma psicologia que é particular a esse determinado estágio. Os sentimentos, as motivações, os princípios morais e valores, a bioquímica, o grau de ativação neurológica; o sistema de aprendizagem; os sistemas de crença; as concepções de saúde mental; as ideias sobre o que é doença mental e como deveria ser tratada; as concepções, as preferências dessa pessoa no que se refere à administração, à educação, à economia e à teoria e prática políticas são, todos eles, apropriados a esse estágio[4].

Apenas tome cuidado para não vincular o histórico de progressos técnicos de alguém com o estágio de desenvolvimento de sua consciência. As competências técnicas podem sim ser influenciadas pela consciência, principalmente porque a maturidade mexe com nossos interesses, mas nada impede que pessoas operando em níveis básicos sejam exímias naquilo que realizam. Foi o que Einstein quis nos ensinar quando escreveu:

> Não basta ensinar ao homem uma especialidade. Porque se tornará, assim, uma máquina utilizável, e não um ser humano pleno. É necessário que adquira um sentimento, um senso prático daquilo que vale a pena ser empreendido, daquilo que é belo, do que é moralmente correto. A não ser assim, ele se asseme-

---

[4] Explicação do psicólogo e pesquisador da Dinâmica da espiral Clare Graves. In: *Summary Statement*. Boston, 1981. Cf. transcrição e referência em WILBER, K. *Psicologia integral*. São Paulo: Cultrix, 2007, p. 55.

lhará, com seus conhecimentos profissionais, mais a um cão ensinado do que a uma criatura harmoniosamente desenvolvida. Deve aprender a compreender as motivações dos homens, suas quimeras e suas angústias para determinar com exatidão seu lugar exato em relação a seus próximos e à comunidade[5].

Nesse sentido, a liderança faz parte de um processo mais abrangente que chamamos de *educação para a vida*. Lideram melhor aqueles que inspiram as pessoas na busca de seu pleno potencial.

O "normal" da Liderança autocrática

Quando começamos a cruzar os níveis de liderança com os de maturidade das pessoas, algumas conclusões se tornam inevitáveis.

Comecemos pelos líderes autocráticos. Eles já tiveram o seu momento de glória. Seu comportamento coercitivo nasceu da necessidade de gerir bandos humanos nos quais os adultos nunca chegaram a consolidar a mente socializada, um cenário caracterizado pelo que o filósofo inglês Thomas Hobbes (1588-1679) chamava de *estado de natureza*, em que os homens "podem tudo" e são, quase sempre, "lobos" de outros homens. A Liderança autocrática continuou sendo "normal" durante a edificação de poderosos impérios, como o dos faraós construtores de pirâmides, no Egito, contados entre os mais cruéis escravizadores da história, ou na expansão dos domínios mongóis, no fim do século XII e início do XIII, pelo impiedoso Gengis Khan (1162-1227), cujos exércitos armados de arcos recurvos compostos por madeira, cola e chifres de animais mataram quase tanta gente quanto as que pereceram na moderna Segunda Guerra Mundial.

Por mais absurdo que nos pareça hoje, o autoritarismo era a única abordagem eficaz para liderar grandes contingentes populacionais indisciplinados, até que uma invenção revolucionária o

---

5 EINSTEIN, A. *Como vejo o mundo*. Rio de Janeiro: Nova Fronteira, 1981, p. 29.

tornasse dispensável: os códigos de leis. A inovação do Rei Hamurabi em 1772 a.c., na Mesopotâmia, abriu um novo caminho para a civilização, mas essa inovação extraordinária amadureceu e se espalhou aos poucos, culminando naquilo que o filósofo existencialista Karl Jaspers (1883-1969) chamou de *Era Axial*:

> Esse eixo da história universal parece encontrar-se no processo espiritual que teve lugar entre os anos 800 e 200 a.C. Surgiu o homem com o qual vivemos até hoje. Esse tempo será sinteticamente denominado tempo axial. Nessa época encontra-se um conjunto de fatos extraordinários. Na China, viveram Confúcio e Lao-tse, apareceram todas as direções da filosofia chinesa, meditaram Mo-ti, Chuang-tse, Lie-tse e muitos outros. Na Índia, apareceram os *Upanixades*, viveu Buda, desenvolveram-se, como na China, todas as tendências filosóficas, do ceticismo ao materialismo, à sofística e ao niilismo. No Irã, Zaratustra ensinou a exigente doutrina que apresenta o mundo como o campo do combate entre o bem e o mal. Na Palestina, apareceram os profetas, desde Elias, passando por Isaías e Jeremias, até ao Dêutero-Isaías. A Grécia viu Homero, os filósofos – Parmênides, Heráclito, Platão –, os trágicos, Tulcídides e Arquimedes. Tudo aquilo para o que esses nomes apontam surgiu nesses poucos séculos quase ao mesmo tempo, na China, na Índia e no Ocidente, sem saberem uns dos outros. O novo dessa época é que em todos os lados o homem se torna consciente do ser na totalidade, de si mesmo e dos seus limites. [...] Nessa época constituíram-se as categorias fundamentais com que até hoje pensamos, e tiveram início as religiões mundiais das quais os homens ainda hoje vivem[6].

---

6 JASPERS, K. *Os mestres da humanidade*. Coimbra: Almedina, 2003, p. 8 e 9.

O "normal" da Liderança autoritária

A *Era Axial* mudou profundamente nossa forma de compreender a liderança. O que era "normal" passou a ser condenado. As sociedades mais sofisticadas da Antiguidade, como a Grécia de Péricles (495-429 a.C.) e o período republicano de Roma (510-27 a.C.), foram experiências precoces desse novo "normal", e por isso mesmo muito imperfeitas, nas quais o espaço de manobra dos líderes autocráticos gradualmente se reduziu, dando vez às doutrinas legislativas e seus operadores burocráticos. Muitas crises deixaram de ser abordadas pela espada e passaram a ser resolvidas pelas leis, pelos tratados formais, pelas convenções, pelos casamentos de interesse. E, se é verdade que a lenta e desastrosa queda do Império Romano lançou a Europa de volta aos tempos autocráticos, naquela que ficou conhecida imprecisamente como "idade das trevas", também é fato que, a partir do segundo milênio, os europeus deram início a um amplo empreendimento inovador de cidades-estado e de dinastias monárquicas que demandaram gerações de líderes autoritários. Em qualquer tempo ou lugar, esses últimos se distinguem dos autocráticos por não estarem acima das leis civis, das convenções religiosas e das tradições de sua cultura, além de precisarem respeitar determinados fluxos de ordenação hierárquica da máquina burocrática que comandam. Tal avanço se deu em consonância com o desenvolvimento da consciência das populações. A maioria das pessoas estava agora em processo de formação da *mente socializada*, em vivências etnocêntricas. Elas já eram bastante sensíveis à integridade física e moral dos mais próximos de si, nesse momento que privilegia os valores de coesão da família e da comunidade em torno de rituais civis e, principalmente, religiosos. Ainda era cedo, é óbvio, para pedir que se preocupassem com o bem-estar daqueles que estavam mais distantes de seu núcleo familiar, o que só é possível em níveis mais altos de consciência. Ken Wilber explica, assim, esse estágio mental etnocêntrico:

Cuidado e preocupação são expandidos de mim para o grupo – mas não mais do que isso! Se você é membro do grupo – um membro da minha mitologia, minha ideologia – então você também está "salvo". Mas, se você pertence a uma cultura diferente, um grupo diferente, uma mitologia diferente, então você está condenado[7].

Sendo bem menos cruel e arbitrária do que a autocrática, a Liderança autoritária é suficiente para solucionar questões atinentes a grupos "fechados" e rígidos, hierarquizados e estruturados, como as monarquias que, na Europa, cresceram e se sofisticaram entre Carlos Magno e Luís XVI. Embora ainda vigore entre nós em muitas regiões do planeta, manifestando-se na forma de conduzir monarquias hereditárias, universidades, certas empresas familiares, instituições religiosas e filantrópicas tradicionais, elas vêm perdendo força desde a Revolução Francesa, que, num ato mais do que simbólico, levou Luís XVI para a guilhotina, enquanto, do outro lado do Canal da Mancha, a Inglaterra protagonizava a gigantesca Revolução Industrial, que nos trouxe aos tempos modernos. Um novo nível de Liderança foi convocado a ocupar o centro dos acontecimentos.

O "normal" da Liderança estratégica

O amadurecimento da espécie para uma vida de liberdades individuais é uma chama cujas primeiras faíscas se insinuaram no tempo do Renascimento Europeu, mas que só se estabilizou com as ideias iluministas, no texto de declaração de independência dos Estados Unidos e, principalmente, nos efeitos irreversíveis da primeira Revolução Industrial. Neste início de século XXI ainda nos encontramos sob o predomínio da Liderança estratégica,

---

7 Apud LALOUX, F. *Reinventando as organizações*. Curitiba: Voo, 2017 [Trad. de Isabella Bertelli].

adequada para a condução de massas mais instruídas e ávidas pelo progresso material.

Por mais que se argumente que trilhamos um longo caminho de modernização entre as tecelagens a vapor de Manchester, no fim do século XVIII, e o advento da Space X, de Elon Musk, no início do século XXI, o "normal" da liderança durante todo esse período está focalizado na capacidade de gerar superávit, lucro, crescimento econômico, aumento do PIB, ampliação do *Market Share*, usando técnicas e métodos de gestão que garantam a quantidade e, mais recentemente, a qualidade da produção, da distribuição e da prestação de serviços aos clientes. Essa é a potente força motriz que determina se os líderes estão "vivos ou mortos" no mundo moderno. O empreendedorismo e a inteligência estratégica, amparados pela tecnologia, conduzem cada vez mais claramente o grande desfile evolutivo nos últimos 250 anos.

Nesses *tempos modernos*[8], a Liderança autocrática foi definitivamente criminalizada, ficando restrita à Máfia, às gangues, às milícias, às facções do tráfico de drogas. Muitos de seus "praticantes" encontram-se atrás das grades em presídios de segurança máxima. Quanto à Liderança autoritária, conforme afirmei anteriormente, ela subsiste e persiste em muitas instâncias, mas perde força e é percebida pela maioria de nós como retrógrada. Nos escritórios empresariais, nos *shopping centers*, nas repartições públicas, nas fábricas cheias de robôs onde as pessoas passam a maior parte de seu tempo, o conservadorismo dos costumes e as hierarquias rígidas dão espaço a ideias e comportamentos que fomentam a agilidade. Equipes "aceleradas" precisam experimentar o novo a todo instante e não podem ficar reféns de noções simplistas e dicotômicas, prescrições indiscutíveis sobre o que é certo e o que é errado.

---

8 Referência ao filme de Charles Chaplin que ironiza a condição do trabalhador que passa seus dias realizando tarefas repetitivas e mecânicas nas linhas de produção em massa.

A Liderança estratégica alcança o seu apogeu servindo-se de profissionais altamente especializados e da coleta e análise cuidadosa de dados, que nunca estiveram tão disponíveis como agora, para apoiar decisões que visam ao cumprimento de metas sempre inflacionadas, gerando uma espiral de complexidade e inovação que tende ao infinito e que não pode mais ser compreendida e conduzida pela *mente* meramente *socializada*. Como uma espécie de coroamento simbólico dessa época, a automação da produção pela inteligência artificial chega cercada de polêmicas: os melhores analistas ainda não sabem avaliar o quanto desse avanço causará mais danos do que benefícios à sociedade, uma vez que tamanho poder tecnológico poderá expandir e aprofundar o fosso entre a classe dos cidadãos produtivos e uma outra, cada vez maior, dos "inimpregáveis".

O fato é que o inegável triunfo da Liderança estratégica, marca registrada da Modernidade, com suas impressionantes inovações sanitárias, a modernização da medicina, a democratização da informação, a sofisticação dos meios de transporte e o aumento exponencial da capacidade de produção agrícola, que reduziu, drasticamente, a fome no mundo, não impediram que ela mergulhasse em sua própria crise. Senão, vejamos: bombardeadas de informações e estímulos viciantes de consumo por todos os lados, fenômeno corporificado nos smartphones conectados à internet, as pessoas começam a sofrer – em uma escala inédita – com uma sobrecarga insuportável de "coisificação", e muitos já intuem a séria dissociação patológica vigente entre o estilo de vida utilitária e hipertecnológica que vivemos e as necessidades essenciais da alma humana.

O incômodo cresce, especialmente para as gerações mais novas que testemunham a infelicidade de seus pais sendo "moídos" por uma engrenagem fria e gigantesca, e se perguntando se existe algum caminho alternativo. Enquanto isso, o Planeta Terra também é atingido pela força motriz da Modernidade e arqueia sob o peso de um aquecimento global descontrolado, que já prejudica a sustentabilidade do sistema produtivo que o gerou. É nesse cenário de conflituosa eficiência que, de súbito, eclode em todos os países a Covid-19.

É agora que vem a Liderança colaborativa?

O meu brilhante amigo Luís Carvalho, da Nodal Consultoria, falou em tom de advertência: "precisamos ter cuidado com a tendência de achar que a Covid-19 fará com que o mundo evolua de repente". Se é verdade que um episódio dessa magnitude não nos deixará ilesos, também é importante que ninguém espere viradas radicais de mentalidades e comportamentos. Se um único evento coletivo de natureza traumática tivesse o poder de "melhorar" as pessoas e as sociedades, certamente a primeira metade do século XX, que transcorreu entre duas guerras mundiais devastadoras, a gripe espanhola e uma vertiginosa queda da bolsa de valores, teriam transformado nossos avós em anjos de bondade.

Por outro lado, não é difícil compreender que a pandemia e seus efeitos podem acentuar certas pressões transformadoras, gradativas, que estavam em curso mesmo antes de seu advento. É esse arco maior de transformações, ao qual o impacto da Covid-19 veio se juntar, que pretendo apresentar aqui, para tentar explicar que as transformações que começaram a afetar o nível de consciência de nossos líderes são anteriores à pandemia. Já na virada do milênio, o respeitado pensador da administração Peter Drucker, anunciava o cerne inquietante do que vivenciamos agora:

> Em alguns séculos, quando a história de nossos dias for escrita com uma perspectiva de longo prazo, é provável que o fato mais importante que os historiadores destaquem não seja nem a tecnologia, nem a internet, nem o comércio eletrônico. Será uma mudança sem precedentes na condição humana. Pela

primeira vez, literalmente, um número substancial e crescente de pessoas tem escolhas. Pela primeira vez, elas gerenciam a si mesmas. E a sociedade está totalmente despreparada para isso[9].

Há uma sutileza nessa análise de Drucker que não podemos deixar passar despercebida. A natureza da crise contemporânea escapa à maioria de nós porque não fazemos o exercício de tirar as muitas cascas da cebola causal, consoante a orientação do velho Aristóteles (385-323 a.C.). E quando a realidade não se encaixa mais em nossos modelos mentais de "normalidade", vemo-nos obrigados a encontrar bodes expiatórios em nosso repertório cultural para justificar os incômodos que sentimos. Apenas para exemplificar o que digo, vejamos o que se dá nas arenas políticas, nas quais a Liderança tem um papel social indesmentível: líderes conservadores de direita acusam o marxismo cultural de estar dissolvendo a ordem das coisas, as tradições da família, os mandamentos da religião etc. Mas, se você perguntar aos marxistas de quem é a responsabilidade pela corrosão do caráter nos últimos dois séculos, eles voltarão suas baterias contra as elites capitalistas que fizeram do dístico "os fins justificam os meios" uma prática generalizada.

No calor de suas paixões partidárias, ambos os lados deixam de enxergar com lucidez o que está realmente tensionando a condição humana neste momento histórico, e como falham ao fazer o diagnóstico, não conseguem oferecer soluções realmente funcionais. Questões políticas, econômicas e tecnológicas são, na melhor das hipóteses, os ringues nos quais ocorrem as lutas de superfície. O que está sendo processado nas profundezas do inconsciente coletivo, para usar um termo de Carl Gustav Jung (1875-1961), é um gradual despertamento das novas gerações

---

9 DRUCKER, P.F. *Management Knowledge Means Managing Oneself* – Leader to Leader, 16, primavera de 2000, p. 8-10. Apud COVEY, S.R. *O 8º hábito* – Da eficácia à grandeza. Lisboa: Gradiva.

para o seu potencial de Mente autoral e Mente transformadora, potencial este que o grosso das gerações anteriores morreu sem conhecer. Nossos ancestrais estavam ocupados demais tentando "ganhar o pão de cada dia no suor de seu rosto" ou lutando em guerras fratricidas, enquanto eram pouco informados a respeito das razões pelas quais precisavam viver sem questionar a própria condição. A confluência de fatores de descondicionamento pessoal que se deu desde o fim da Segunda Guerra Mundial, gostemos deles ou não – informação abundante, mistura cultural pela globalização definitiva dos mercados, relaxamento das normativas de costumes, crescimento da oferta de práticas terapêuticas, incentivo ao empreendedorismo individual e explosão de tecnologias inovadoras –, foram as condições necessárias para que as pessoas em vias de amadurecimento viessem a suspeitar que este outro verso de Fernando Pessoa é válido para cada um de nós:

Eu sou um Universo querendo passar.

Quando vivenciamos a mais leve sensação de expansão da consciência, sentimo-nos impelidos a crescer. É o equivalente ao "ponto sem retorno", cantado em versos em uma das belas canções de Andrew Lloyd Webber no musical *O fantasma da ópera*. Uma nova lente pela qual pode se enxergar a realidade substituirá, cedo ou tarde, a maneira de ver que condicionava o entendimento das gerações passadas.

Esperançoso, saúdo esse novo dia em que as pessoas não se conformarão mais com uma existência de frivolidades egocêntricas. Mesmo sabendo que essa perspectiva de descondicionamento traz consigo o sofrimento e a agitação característicos dos tempos de transição, e apesar de estar ciente de que essas transições são lentas e graduais, bendigo a sua chegada. Talvez a indesejável e catastrófica Covid-19 possa ter um papel semelhante ao da Peste Negra, que impulsionou um movimento que já estava em curso: o Renascimento Europeu. E, semelhantemente aos renascentistas, almejo que possamos renovar e aperfeiçoar a nossa convicção de que todo ser humano tem direito de viver uma Vida Plena. A busca pela Plenitude é o nome que dou ao movimento que desejaria ver prosperando e se tornando o novo "normal", o que demandaria, obviamente, o surgimento de milhares de líderes com alto desenvolvimento da Mente autoral, quiçá até mesmo da Mente autotransformadora.

Mas, por favor, não confundamos Vida Plena, que era um termo muito estimado pelo extraordinário psicólogo humanista Carl Rogers (1902-1987), com vida de perfeições. Somos perfeitamente imperfeitos e podemos permanecer assim. Mas nossa imperfeição congênita não implica que estejamos incapacitados de priorizar as aspirações que atualizariam o nosso potencial de humanização. Dito de outro modo: podemos aprender a distinguir, claramente, os fins da existência de seus meios. Perseguir os meios como se fossem os fins é uma experiência alienante, restritiva e frustrante, uma forma de mera subsistência em que canalizamos nossas melhores energias para a realização de necessidades e desejos secundários, que – sejam eles resolvidos ou não – terminam invariavelmente em diferentes espécies de vazio. Por outro lado, quanto mais nos tornamos conscientes de nossos verdadeiros potenciais de Vida Plena, menos somos aliciáveis por destinos ordinários, e menor é a chance de sermos manipulados pelas forças cegas que dominam a engrenagem social de nosso tempo.

"Nossa era parece se caracterizar pela perfeição dos meios e a confusão dos fins"
Recorro a esta outra frase do sempre provocativo Albert Einstein para justificar a necessidade de montar o quadro óbvio que se segue. É que no mundo de ideias volúveis em que vivemos, cheios de "verdades" díspares sendo jogadas ao vento, em todas as direções, não é tão difícil perdermos de vista certas noções essenciais da existência.

Meios legítimos da existência:
- Cuidados com alimentação, exercícios e saúde em geral.
- Vestimenta, moradia, meios de transporte.
- Desenvolvimento de competências para fins pragmáticos.
- Saúde econômica.
- Tecnologias e instrumentos de gestão e comunicação.
- Diversão, *hobbies* e descanso que gerem inspiração e renovação da vitalidade.

Falsos fins da existência:
- Prazer apenas pelo prazer.
- Poder somente pelo poder.
- *Status* social e fama como fins em si mesmos.
- Acúmulo de riqueza como fim em si mesmo.

É óbvio que, dentro dos limites da lei, somos livres para viver como quisermos, e para empenhar todas as nossas melhores energias vitais em empreitadas falsas, se for essa a nossa vontade. Por sinal, tentar demover adultos de suas escolhas existenciais não é uma estratégia produtiva. Mas quem já perseguiu ilusões por tempo suficiente acaba se encontrando com o vazio e o desespero, e passa a redirecionar suas aspirações, por vontade própria, para valores muito mais recompensadores ao espírito humano.

Fins verdadeiros da existência:
- Expressão da singularidade – A realização criativa do *Self*. Johann Wolfgang Goethe (1749-1832) sugeria que esculpíssemos nossas vidas tal como o artista que se esforça por criar a sua obra-prima, incomparável.
- Conexão com o outro – Relacionamentos profundos e transformadores. Nas palavras do filósofo holandês Baruch de Espinosa (1632-1677), "Todo ser é potência, e a potencialidade de cada um se desenvolve na relação", ou seja, nos encontros com o outro, com o mundo, com a natureza.

- Realização de um sentido autotranscendente – Engajamento incondicional em projetos que mobilizem nossas forças e talentos mais autênticos a serviço de causas maiores do que nós mesmos, de tal modo que possamos nos sentir relevantes perante a sociedade, ainda que uma parte das avaliações sociais a respeito desses projetos nos seja desfavorável.
- Vivências contemplativas – A busca pelo contato direto com a Verdade e a Beleza. A tentativa sincera de apreensão desinteressada (não utilitária) dos saberes, incluindo uma diversidade de frentes não exclusivas como as Ciências Teóricas, a Filosofia, a Arte e a Espiritualidade.

É verdade que, até bem pouco tempo, a maioria das pessoas não compreenderia essa descrição de Vida Plena, mas não nos esqueçamos de que há apenas 150 anos a maioria dos brasileiros não contestava o *establishiment* da escravidão. Nossas exigências psíquicas, éticas e sociais tendem ao progresso, embora a velocidade dessa evolução dependa bastante da atuação de nossos líderes.

Para os que me acusarem de estar mirando muito alto, defendo-me com a transcrição de um texto do psiquiatra e psicólogo Viktor Frankl (1905-1997), celebrado criador da Logoterapia, no seu livro *Psicoterapia e humanismo*:

> Desde quando, em 1938, cunhei o termo psicologia das alturas, com o objetivo de integrar (e não de suplantar) aquela que é chamada de "psicologia do profundo" (ou seja, a psicologia psicodinâmica), tenho muitas vezes sido acusado de sobrevalorizar o homem colocando-o num pedestal muito elevado. Contudo, se quisermos valorizar e empenhar o potencial humano em sua forma mais elevada possível, devemos antes de tudo acreditar que ele existe e está presente no homem[10].

---

10 FRANKL, V.E. *Um sentido para a vida* – Piscoterapia e humanismo. Aparecida: Ideias e Letras, 2005, p. 30.

Se nossos objetivos de desenvolvimento forem ordinários demais, nunca ultrapassaremos os condicionamentos que nos escravizam.

Ora, a evolução para a qual a Liderança está sendo empurrada – muito embora tenhamos a impressão de que muitos líderes ainda não se aperceberam disso – traz o desafio de lidar diariamente com indivíduos de todas as classes econômicas, cujas aspirações são mais intangíveis e complexas do que as de seus ancestrais. É bem mais fácil liderar gente cujas esperanças máximas de vida são um pouco mais ou um pouco menos de pão e circo[11] do que estar à frente de um número crescente de pessoas querendo que seu trabalho seja parte integrante e orgânica de uma ampla experiência de plenitude existencial. A equação clássica que oferece aumentos salariais, novos benefícios, promoções e medalhas em eventos anuais em troca de desempenho se mostra cada vez mais ineficaz por razões que explicarei logo adiante. Antes, porém, deixe-me apresentar alguns dados alarmantes que poderiam mobilizar até os gestores mais pragmáticos no rumo das mudanças que precisamos promover urgentemente.

Estresse crônico – o custo humano e econômico

O psicoterapeuta norte-americano Nathaniel Branden, conhecido por sua pesquisa sobre a importância da autoestima, alertava em 1995:

> Vivemos em uma economia global, caracterizada por mudanças rápidas, inovações científicas e tecnológicas, e um cenário sem precedentes de competitividade. Precisamos ser mais criativos, temos

---

11 *Panem et circenses* é uma locução latina e significa "pão e jogos de circo". Frase com a qual o poeta satírico Juvenal critica os que, na Roma antiga, pediam trigo no fórum e espetáculos gratuitos no circo; ou seja, aqueles que se contentavam com comida e diversão grátis sem questionarem o desempenho dos governantes, que, dessa forma, garantiam o apoio da população. Fonte: JUVENAL. *Sátiras*, X, 81.

de saber como nos autogerenciar, saber lidar com responsabilidades de autodirecionamento e produtividade pessoal. Esse tipo de demanda não atinge somente a liderança no nível estratégico e tático, mas todas as pessoas envolvidas, até mesmo os estagiários das empresas. O que é pouco compreendido é que tudo isso traz exigências demasiadas sobre os nossos recursos psicológicos[12].

Vinte e três anos mais tarde, em 2018, o temor quase isolado de Branden, veio a se confirmar nos estudos do Doutor Jeffrey Pfeffer, professor da escola de negócios da prestigiada Universidade de Standford. O título de seu livro, tão longo quanto eloquente – *Morrendo por um Salário – Como as práticas modernas de gerenciamento prejudicam a saúde dos trabalhadores e o desempenho das empresas, e o que podemos fazer a esse respeito* – caiu como uma bomba no saguão do mundo corporativo. Mesmo aqueles líderes que não atribuem a si mesmos outra responsabilidade além da de gerar riquezas e empregos, são obrigados a se defrontar com os dados levantados por Pfeffer, simplesmente porque ele demonstrou pela primeira vez que somente metade do problema é humanitário, a outra é econômica. Sim, as empresas estão perdendo rios de dinheiro – bilhões e até trilhões de dólares por ano – em função da falta de engajamento dos colaboradores, do absenteísmo, de processos trabalhistas, da alta de custos com os planos de saúde, com as altas taxas de *turnover*, com o uso de drogas no ambiente de trabalho, com o aumento dos índices de suicídio; além, é claro, da redução da capacidade para atrair novos talentos.

O fenômeno dos ambientes tóxicos vem sendo estudado sistematicamente por diversas áreas da Ciência, em virtude do crescimento alarmante dos casos de *Burnout*, uma síndrome psicológica provocada por tensão emocional crônica cujos sintomas mais

---

12 Apud KEGAN, R. & LAHEY, L. *An Everyone Culture...* Op. cit., p. 73 e 74.

comuns são a exaustão emocional, a despersonalização e a aguda diminuição do sentimento de realização pessoal[13].

Os dados mais recentes divulgados pela International Stress Management Association no Brasil (Isma-BR) dão conta de um verdadeiro massacre:

- Com 30% dos trabalhadores sofrendo com esgotamento profissional, o Brasil ocupa o segundo lugar entre os países com maior incidência de *Burnout*, atrás apenas do Japão, mas na frente de China e Estados Unidos.
- O estresse crônico atingiu 45% dos presidentes e CEOs brasileiros, 39% dos diretores e 50% dos profissionais em cargos de gerência.

Será que esses números podem melhorar de verdade enquanto não assumirmos a necessidade urgente de criarmos novas formas de relacionamento com o trabalho, incluindo, obviamente, outros modelos de Liderança que estimulem e facilitem, em algum grau, o direcionamento dos indivíduos para experiências de Vida Plena?

Houve quem acreditasse que o afastamento social forçado que se estabeleceu na pandemia teria o efeito de uma espécie de retiro para a descompressão, pelo menos para aqueles que atuam em segmentos ditos não essenciais, para os quais, de fato, houve uma considerável redução das atividades profissionais. Mas, com o tempo, ficou patente que as relações trabalhistas não evoluem apenas pela mera redução de carga horária ou distanciamento do ambiente físico da empresa. Ao contrário, em muitos casos, as novas incertezas econômicas, a experiência neurotizante do confinamento e o distanciamento de pessoas queridas amplificou o sofrimento psicossomático.

---

13 Para aprofundamento, cf. o verbete *"Burnout"* no *Dicionário de Psicologia do Trabalho e das Organizações*. Belo Horizonte: Artesã, 2019, p. 139.

Motivação extrínseca *versus* motivação intrínseca

Há anos bato na mesma tecla, em palestras, cursos da Caminhos Vida Integral, em meus artigos e livros, até nos pequenos posts que faço na internet: a de que líderes precisam se aprofundar no estudo do Fenômeno Humano. Não é incomum que conheçam muito de negócios e finanças. Alguns são exímios estrategistas e hábeis no aperfeiçoamento contínuo dos processos. Mas são poucos, bem poucos, os que sabem como reduzir a tendência de entropia cultural, e um número menor ainda compreende as sutilezas e os paradoxos envolvidos no desafio do engajamento personalizado de cada colaborador.

Platão (428-347 a.C.) acreditava que um cidadão que não passasse décadas dedicado ao estudo da filosofia não estaria pronto para conduzir a *pólis*, ou seja, para se tornar um político. Ouso reeditar essa noção afirmando que o líder contemporâneo deveria consagrar algumas décadas ao estudo aplicado da psicologia, da filosofia antropológica, da neurociência, da sociologia, da literatura, para que não acabe se colocando na posição de um algoz bem-intencionado. Não existem atalhos ou soluções mágicas nesse terreno. O que há é a esfinge humana dizendo aos líderes: "decifra-me ou eu te devoro".

Um bom exemplo de tema malcompreendido por uma multidão de líderes empresariais é o das nossas motivações. Em grande parte, foi a partir dessa imperícia que chegamos ao estado de coisas denunciado pelo Professor Pfeffer.

Obviamente, os líderes desejam melhorar os índices de engajamento de seus colaboradores porque entidades renomadas como o Gallup Institute há tempos demonstraram que ele está diretamente implicado na produtividade e nos resultados organizacionais. O impulso mais óbvio para aumentar esse índice, especialmente nas atividades de produção e vendas, é lançar mão de incentivos atrelados ao desempenho, na forma de comissionamentos e bonificações, individuais ou coletivas.

As trilhas de desenvolvimento de competências, combinadas com planos de cargos e salários, constituem parte crítica do ferramental de liderança das organizações mais bem-estruturadas. Sofisticados sistemas de avaliação de desempenho foram criados nas últimas décadas, com base em matrizes comparativas, que levam em conta a aderência dos colaboradores aos valores da organização e seus resultados ao longo do tempo.

Esse arsenal de motivações bem planejadas reflete um paradigma originário dos primórdios da psicologia comportamental, quando pesquisadores descobriram, no início do século XX, que o uso de recompensas imediatas tem o poder de modificar comportamentos indesejáveis. Contudo, desde então, relevantes progressos em pesquisa mudaram nossa forma de interpretar as motivações humanas.

Na década de 1970, os estudos de Deci e Ryan distinguiram claramente as motivações extrínsecas das intrínsecas, culminando na teoria da autodeterminação. As pessoas não agem apenas movidas por incentivos externos – prêmios, recompensas, reconhecimentos públicos – que, de resto, na maioria das vezes exercem sobre elas um efeito pouco durável. Elas agem com muito mais empenho e perseverança quando se sentem identificadas com a essência da atividade em si. Podem passar horas, dias, anos tentando solucionar problemas intrincados e desafiadores que as fazem mobilizar e desenvolver ao máximo suas forças mais autênticas e criativas, desde que possuam ampla autonomia e um mínimo de recursos para fazê-lo. Uma vez que essa condição especial que combina identidade, desafio e autonomia é ainda rara nos ambientes de trabalho remunerado, não deve causar espanto que muitos se sintam bem mais realizados com seus *hobbies* do que com seus empregos.

Mais ou menos na mesma época, o Doutor Mihaly Csikszentmihalyi, professor de Psicologia e Gestão da Claremont Graduate University e um dos pais da Psicologia Positiva, apresentava os seus estudos sobre o estado de fluxo, ou simplesmente *flow*, demonstrando que indivíduos atingem seus melhores níveis de desempenho quando se encontram em uma espécie de transe realizador que só pode nascer de atividades livremente escolhidas, por afinidade. Uma frase, atribuída ao lendário piloto de automobilismo Ayrton Senna (1960-1994), explica a experiência sem necessidade da teoria:

> Aprendi a cortar todos os pensamentos desnecessários na pista. Simplesmente me concentro. O ruído da multidão se desvanece, os outros atletas desaparecem, e agora sou apenas eu e este caminho.

Finalmente, a evolução da Neurociência veio ratificar, no século XXI, de modo conclusivo, que todas as metodologias de gestão que se estruturam primordialmente sobre motivações extrínsecas, criam, a médio e longo prazos, uma série de prejuízos para o bem-estar e o desempenho das equipes. Quando apelam constantemente aos incentivos positivos – bônus, premiações e congêneres – obtêm efeitos semelhantes aos das drogas, que geram a demanda por recompensas cada vez mais intensas, em uma espiral infinita de adaptação hedônica, causando um estreitamento do repertório criativo, reduzindo o desejo natural de aprendizagem dos participantes. E, por outro lado, quando as empresas instalam sistemas formais e comparativos de avaliação do desempenho, promovendo uma atmosfera constante de ameaça psicológica, elas superestimulam a amigdala cerebral, que é a microestrutura de processamento das emoções em nosso cérebro. Resumo da ópera: mais cedo ou mais tarde, em todos esses casos os indivíduos oscilarão entre sentimentos de euforia, depressão e estresse emocional e psíquico crônico, o que poderá ter como desfecho a dolorosa, improdutiva e dispendiosa experiência de *Burnout*. Podemos continuar "tocando" os nossos negócios sem considerar este conhecimento?

Eu estava em um histórico evento organizado por Adriana Felipelli em São Paulo, no final de 2015, quando o Doutor David Rock, criador do Neuro Leadership Institute de Nova York, veio pela primeira vez ao Brasil. A uma certa altura, após nos apresentar os principais achados da Neurociência e seus impactos na gestão, Rock condenou os sistemas formais de avaliação de desempenho pelas razões que já enumerei. Foi aí que uma participante, exasperada, lhe perguntou: "Então, o que o senhor sugere que façamos?" O Doutor Rock simplesmente respondeu: *"Back to dialogue* (de volta ao diálogo)". Lembrei-me logo dos onze anos em que trabalhei próximo ao Doutor Stephen R. Covey (1932-2012), autor do *bestseller* mundial *Os 7 hábitos das pessoas altamente eficazes*. Ele nos ensinava a fazer acordos dialogados de desempenho, que, geralmente, levam tempo para serem firmados. Esses combinados devem ser simples, claros, objetivos, sem deixar de ser humanos. Trazem para a mesa de discussões algo que todos precisaríamos ser capazes de fazer, se quisermos conviver melhor em sociedade: compromissos feitos pela palavra empenhada. O processo de construção de um bom acordo é mais importante do que seu resultado, porque nele podemos testar e desenvolver nossos potenciais de comunicação não violenta e de compreensão intersubjetiva, empática: um sujeito compreende outro sujeito em plenitude e ambos saem dessa experiência transformados, enriquecidos, motivados, comprometidos.

Tendências e esperanças para o novo "normal"

Se enxergarmos que há um abismo se abrindo entre as nossas práticas de gestão contemporâneas e as aspirações humanas que as pessoas ao nosso redor geralmente nem sabem que possuem...

Se assumirmos que os líderes são corresponsáveis pela criação desse abismo e que está na hora de reinventar as relações de trabalho a fim de curar as feridas causadas por ele...

Se soubermos que o cerne do problema está em instrumentalizarmos nossos colaboradores, usando-os para fins organizacionais, sem nos interessarmos verdadeiramente por seu crescimento e seu destino...

...então, estaremos a caminho de estabelecer os parâmetros da Liderança em níveis superiores. Ela dará prioridade ao crescimento e ao bem-estar psíquico sustentável das pessoas, e nesse caso será chamada de Liderança humanizada; enfatizará a atitude de colaboração entre as partes envolvidas, muito mais do que a competição, ganhando o nome de Liderança colaborativa; e também integrará em suas práticas o foco em ações de sustentabilidade ambiental e social, recebendo o título de Liderança sustentável. No fundo, estamos falando de um mesmo movimento que deveria caracterizar o novo "normal".

Sinceramente, não sei se a pandemia conduzirá uma grande massa de líderes nessa direção. Ao menos sabemos que os desbravadores já estão no caminho. Eles levam essa discussão muito a sério e se esforçam por construir organizações que se parecem cada vez menos com gaiolas douradas e cada vez mais com campos abertos sob a amplidão do céu, onde os jovens talentos promissores podem abrir as asas de seus belos sonhos e testar seus voos rumo à luz de um novo dia.

Estamos em um estágio tão inicial dessa "virada" que, se algum consultor prometer um curso rápido que solucione essa equação para os líderes da sua empresa, desconfie. Isso não significa que estejamos com as mãos atadas e que não devamos procurar auxílio. Ao contrário: todas as melhores orientações e ferramentas disponíveis devem ser usadas, aplicadas, experimentadas, ajustadas, transformadas. É por isso que dedico a parte final deste capítulo à tentativa de colocar algumas ideias concretas na caixa de ferramentas de Liderança dos meus leitores, apontando para algumas tendências que estão em alta.

Os caminhos da estratégia

A passagem da Liderança estratégica para a Liderança colaborativa ou humanizada não dispensa o exercício do planejamento. Aquilo que se aprende em um estágio soma-se às lições do próximo. Em sua versão integral, a dialética do progresso está em sempre transcender, sem excluir, as conquistas já realizadas. Portanto, a tendência evolutiva do momento não é abandonar as estratégias, mas aumentar a empatia no processo de construí-las. "As incertezas, multiplicadas pela pandemia, exigem dos líderes um modelo mental parecido com o aplicativo waze", comenta Luis Carvalho, consultor e professor de Estratégia e Inovação. Ou seja, precisamos estar totalmente abertos para processar e interpretar os eventos e redesenhar as rotas estabelecidas a princípio, que podem se tornar obsoletas com as mudanças rápidas. Rigidez é morte. É fundamental para os líderes que eles estejam atentos às estratégias emergentes, aquelas que brotam da reação às variações do ambiente.

Bill Morais, especialista em Execução da Estratégia, com quem tive a honra de trabalhar na Franklin Covey, faz uma advertência semelhante: "A execução melhora quando o líder reconhece e incentiva os aprendizados diários de seus colaboradores, as pequenas lições táticas, aumentando a probabilidade de acerto e proporcionando uma fonte imensa de motivação para as equipes, que passam a ter um papel de protagonistas nessas escolhas cotidianas".

Contudo, o sucesso dessas escolhas dependerá de algumas variáveis importantes, de acordo com Luis Carvalho. A primeira está em seguir um processo investigativo de três etapas, que não devem ser atropeladas:

- Construir a compreensão minuciosa das circunstâncias; ou seja, fazer um excelente diagnóstico.
- Estabelecer e registrar todas as escolhas existentes.
- Tomar a decisão sobre os caminhos a seguir.

Outra variável é o cuidado para não perdermos as visões de curto, médio e longo prazos em um mundo tão movediço quanto o nosso. Luis recomenda um exercício recorrente de *zoom in* e *zoom out*, usando a metáfora do ajuste das lentes de uma câmera fotográfica: olhe para o horizonte maior, olhe para a circunstância imediata... faça esse exercício no tempo e no espaço, não perca a direção nítida do norte verdadeiro.

Os caminhos da cultura organizacional

A emblemática afirmação de Peter Drucker de que "a Cultura devora a Estratégia no café da manhã" continua válida. Qualquer organização tem poucas chances de prosperar, cumprindo seus propósitos, se os valores institucionais não forem claramente refletidos no comportamento de seus líderes. A maioria das culturas sofre com o restritivo efeito da entropia porque ainda não avançaram no desenvolvimento da Mente autoral, o nível de consciência em que se aprende a difícil lição do autoconhecimento, da autenticidade e da coerência comportamental, de dentro para fora, sem ceder às pressões e seduções do ambiente. Dito de outra forma: a boa gestão da cultura é diretamente proporcional à maturidade dos líderes.

Com a pandemia, a gestão da cultura tornou-se um fator ainda mais crítico para a sobrevivência das organizações. Sem deixar de levar em conta que cada uma delas possui peculiaridades genuínas que podem e devem ser realçadas nos momentos de crise, os gestores se defrontam com a pressão para acolher as novas demandas que nascem das aflições da sociedade, considerada no seu todo. O fato é que os desdobramentos da pandemia realçaram e favoreceram as culturas humanizadas, o que não deixa de ser recompensador para aquela minoria que se antecipou nesse caminho.

A especialista Cristina Nogueira comparou a Covid-19 ao trimtab, uma ferramenta da moderna engenharia naval mencionada pelo Doutor Covey em um vídeo de treinamento gravado por ele no início do milênio e que se tornou um clássico. O trimtab é o mecanismo que permite aos capitães dos navios transatlânticos controlar a direção desses gigantes dos mares. "Como é possível para uma única pessoa mudar o curso de algo tão grande?", pergunta o autor de *Liderança baseada em princípios*, para, em seguida, explicar que o capitão move o timão em sua cabine, que por sua vez afeta um pequeno leme na extremidade do casco que se chama trimtab. O movimento desse engenhoso dispositivo cria a energia necessária para acionar um leme muito maior que, em alguns casos, pode ter o tamanho de um prédio de dez andares, viabilizando a manobra que pareceria impossível.

Se Cristina estiver certa, e eu espero que ela esteja, a pandemia está nos obrigando a defrontarmos com questões humanas, demasiadamente humanas[14], de Liderança, a começar pelo zelo imediato com a saúde dos colaboradores das organizações, e não apenas a deles, mas também a de seus familiares. O *home office* compulsório e as ferramentas de comunicação por videoconferência aproximaram os líderes dos familiares dos co-

---

14 Referência ao título de uma das obras do filósofo Friedrich Nietzsche: *Humano, demasiado humano* – Um livro para espíritos livres. São Paulo: Lafonte.

laboradores que, por sua vez, passaram a ter maior consciência da qualidade das relações de trabalho de seus entes queridos. É um fenômeno inédito.

De acordo com Nogueira, as empresas atingiram um certo patamar de mediocridade eficiente. Elas são muito boas na melhoria contínua dos processos, em parte graças às práticas disseminadas no mercado por consultorias especializadas:

> As pessoas seguem o trem da burocracia estabelecida e os processos são aperfeiçoados. A máquina gira e os resultados melhoram; mas, em sua maioria, esses líderes não estão preparados para promover inovações em um sentido mais amplo, inspirador, humano. As novas gerações já vinham mostrando a sua insatisfação com esse padrão que coloca no centro de tudo o crescimento econômico de dois dígitos... Os mais jovens percebem a passagem dos anos e se perguntam: "Mas o que é isso, afinal?" Então, quando a pandemia chegou, a *latinha de refrigerante* já estava agitada, pronta para explodir em mudanças. Agora, eles precisam lidar com a necessidade de empatia, e são obrigados a sair da postura costumeira do *eu sei o que fazer* para o *preciso de você*, que é uma atitude essencialmente colaborativa. Então, transformações positivas podem vir com o tempo.

Reflexões sobre a cultura organizacional

Cristina Nogueira foi sócia de Carolyn Taylor, a autora do *bestseller Walking the Talk*, que ajuda os líderes a identificarem o "arquétipo" natural da cultura da própria empresa para, em seguida, adicionar um segundo arquétipo que, combinado ao primeiro, aumentará a capacidade organizacional de atingir metas estratégicas.

> Quais dos seis arquétipos descritos por Taylor em sua obra são favorecidos pela crise pandêmica, em sua opinião? Qual é o arquétipo predominante da organização em que você trabalha?
> 1) *Achievement* –Empresas que buscam a melhoria de resultados incessantemente.
> 2) *Customer Centric* – Empresas que entregam a excelência e conseguem encantar e, consequentemente, reter seus clientes.
> 3) *One-Time* – Empresas nas quais todos trabalham juntos para operar fluentemente, maximizando a qualidade e a partilha de conhecimentos.
> 4) *Innovation* – Empresas líderes na criação de produtos e processos novos e diferentes.
> 5) *People First* – Empresas focadas em atrair e manter os melhores talentos.
> 6) *Greater Good* – Empresas voltadas para os valores de cidadania corporativa, que contribuem para a sustentabilidade e o bem-estar social.

Os caminhos do engajamento das pessoas

Por tudo o que já ficou dito, se os líderes quiserem realmente aumentar a experiência de engajamento de seus colaboradores, em primeiríssimo lugar devem se esforçar por trocar os gatilhos de ameaça psicológica instalados no ambiente por programas de empoderamento personalizados.

As pessoas precisam e podem conhecer a si mesmas em maior profundidade. Se há uma lição visceral que aprendi desde que fundamos a Caminhos Vida Integral é a de que a maioria conhece mal as próprias forças autênticas e, raramente, possui um plano claro e deliberado para desenvolvê-las e colocá-las a serviço da sociedade. É mais comum encontrarmos indivíduos tomados pela neurose de crescer financeiramente e ambicionar algum tipo de sucesso rápido, movidos por razões egocêntricas e por imagens artificiais que seguem parâmetros externos a si mesmos. Estão longe de entender o alcance extraordinário da máxima do poeta grego Píndaro (522-438 a.C.), que tanto fascinava Nietzsche (1844-1900):

> Torna-te quem tu és.

Se queremos, de verdade, que as pessoas se engajem e entrem em *flow* muito mais frequentemente no trabalho, devemos orientá-las melhor sobre o equilíbrio diferenciação/integração. Diferenciar-se quer dizer exprimir o *Eu* real, não afetado pelos condicionamentos culturais e sociais comparativos e competitivos que restringem nossa originalidade e vitalidade. Integrar-se significa que, enquanto nos diferenciamos, deveríamos aprender também a nos conectar cada vez melhor aos outros, à natureza e ao universo. Não me espanta – com base em nossos sistemas educacionais ainda tão massificantes – que tenhamos multidões de adultos submissos, por um lado, e agressivamente ambiciosos por outro, infelicitando os nossos ambientes de trabalho.

Tenho visto departamentos de Recursos Humanos contratarem terapeutas para auxiliar as pessoas durante a pandemia, e recomendo que essa prática continue depois dela, mas não a considero suficiente. Conforme escrevi em 2017, na Era da Liderança Humanizada as organizações precisarão se tornar verdadeiras Escolas de Florescimento do Potencial Humano.

Todos os estudos sobre engajamento demonstram que o fator autonomia é uma de suas chaves estratégicas. Quanto mais microgerenciamos uma pessoa, menos ela tende a se engajar. Porém, obviamente, a solução não é adotar uma liderança permissiva, do tipo *cada um faça o que quiser e está tudo resolvido*. O que as pesquisas nos ensinam é que a autonomia é um fruto delicado que nasce em árvores de liderança bem cultivadas.

Se os líderes conseguirem promover, entre os colaboradores, o amor ao propósito institucional, eles se engajarão pelo sentido. Se modelarem os valores organizacionais nas práticas do dia a dia, as equipes se engajarão pelo poder da cultura. Se souberem como promover o equilíbrio entre o desenvolvimento das competências e o tamanho e a natureza dos desafios, considerando o perfil, o momento e as forças incomparáveis de cada colaborador, eles se engajarão pela recorrência da experiência de *flow*.

A autonomia será uma função automática desses movimentos. Quanto mais avançarmos neles, mais concederemos ampla liberdade para que cada um decida como, quando, onde e com quem fazer o que precisa ser feito. É a Liderança colaborativa a caminho da Liderança liberal.

Bill Moraes resume com perícia o ambiente da Liderança colaborativa:

> Líderes precisam saber inspirar confiança. A confiança se faz pelo fortalecimento de muitos fios invisíveis pelos quais transita o processo da Execução da Estratégia, que se torna previsível mesmo em tempos imprevisíveis.

É possível que eu tenha descrito, nos últimos parágrafos, uma versão do paraíso, mas julgo sinceramente que ele é menos impossível do que apenas continuarmos usando nossos tradicionais instrumentos de controle, justificando a etimologia da palavra trabalho – do latim, *tripalium*, que era um instrumento de tortura composto de três paus, utilizado pelos romanos.

O arquétipo feminino

Para quem, como eu, ama a escola Junguiana da Psicologia, não é difícil concluir que praticamente todos os atributos de liderança que estão em alta na atual conjuntura derivam da energia feminina amadurecida, mais receptiva, acolhedora, vulnerável, flexível, inclusiva e relacional. Isso não significa que os homens sejam incapazes dessas atitudes, comportamentos e competências, mas tudo indica que o momento histórico é extremamente favorável às mulheres na Liderança, e a aceleração de seu crescimento numérico em posições estratégicas é uma aposta que, espero, seja confirmada.

A segunda simplicidade

Outra aposta minha está no crescimento da Espiritualidade. A bibliografia que demonstra essa tendência é muito vasta, e aqui não temos espaço para desdobrá-la. Mas senti o desejo de transcrever abaixo um trecho dos "Manifestos de fundação da Caminhos", publicados ao final de meu livro *A segunda simplicidade*[15].

Antônio Damásio, o exímio escritor e neurocientista português, autor de *E o cérebro criou o ho*mem, sintetiza assim o desenvolvimento da consciência:

> Da perspectiva da evolução e de nossa história de vida, o conhecedor emergiu em etapas. O *protoself* e os seus sentimentos primordiais, o *self* central impelido pela ação e, finalmente, o *self autobriográfico* que incorpora dimensões sociais e espirituais[16].

Chamo esse modelo evolutivo de os "três is":

- Instinto – Comportamentos irrefletidos dirigidos à sobrevivência, ou zona da primeira simplicidade.
- Inteligências – Comportamentos reflexivos para o progresso pragmático da sociedade, ou zona da complexidade.
- Intuição espiritual – Altos níveis de consciência que ultrapassam o intelecto individual e servem à reconciliação do Ser Humano consigo mesmo, com os outros e com a natureza. Essa é a zona da segunda simplicidade[17].

---

15 MEIRA, L. *A segunda simplicidade.* Goiânia: Vida Integral, 2017.

16 DAMÁSIO, A.R. *E o cérebro criou o homem.* São Paulo: Companhia das Letras, 2011, p. 24.

17 MEIRA, L. *A segunda simplicidade*. Op. cit.

É nesse sentido antropológico que a Espiritualidade na Liderança está em alta.

Considerações finais

Uma aluna me procurou no intervalo do módulo de pós-graduação para dizer que se sentia ávida para terminar o curso, pois assim teria a oportunidade de pleitear uma promoção muito importante na empresa em que trabalhava. Seria a primeira posição formal de liderança em sua carreira, e essa perspectiva a animava muito.

Eu não quis lhe jogar um balde de água fria, mas achei que era meu dever fazê-la refletir sobre a relação dos ônus *versus* os bônus de ser líder. Afirmei que certamente poderia galgar todas as promoções com as quais sonhasse, mas pedi a ela que me dissesse onde estava, naquele momento, o capitão do navio Costa Concórdia. Ela se lembrou do episódio do naufrágio da luxuosa embarcação genovesa no Mar Mediterrâneo, em 2012, mas confessou não saber do destino do capitão. Então, eu lhe contei que o Comandante Francesco Schettino foi condenado a 16 anos de prisão efetiva por homicídio, abandono do navio antes dos passageiros e naufrágio, pena confirmada por um tribunal de recurso em maio de 2016, e fechei com esta advertência: Liderança não é feita apenas de *glamour*. Trata-se de um chamado, de uma vocação, que envolve riscos e responsabilidades tão grandes quanto as alegrias potenciais que nascem com ela.

Sim, a Liderança é um alvo móvel que precisa evoluir junto com a nossa Ciência e com a nossa Consciência, mas será sempre um desafio criativo, repleto de bênçãos e maldições, no enfrentamento de crises grávidas de oportunidade, em tempos de ascensão e de decadência, em movimentos de crescimento e de entropia, um contraste, uma contradição, tal qual se afigura o fenômeno humano, esse espetáculo de sombra e luz.

Em tempo

Já considerava este capítulo pronto para entregar aos editores quando surgiu a honrosa oportunidade de conversar, por webconferência, com o neurocientista brasileiro Miguel Nicolelis. Ele e eu fomos convidados pela Fundação Dom Cabral para provocar algumas reflexões em um evento destinado a CEOs de grandes empresas que querem deixar um valioso legado humano e social atrás de si.

Ouvir esse prestigiado cientista falar sobre o fenômeno da consciência, de como ela emerge em nós, sustentada nos princípios de maleabilidade, conectividade e imensa capacidade de abstração do cérebro, tornando-se o centro cosmológico causador de toda a realidade que vivenciamos, fez-me pensar que essa noção é o ingrediente decisivo para a criação dos modelos de Liderança que quisermos.

Se a complexidade cresce, cultivemos a expansão das consciências. É provável que, ao final, esse seja, de fato, o principal papel da Liderança em busca de seu novo "normal".

3
O que temos coragem de aprender com estes tempos?

Luís Mauro Sá Martino

Outro dia, em uma rede social:

"E aí, você já se adaptou ao novo normal?"

"Novo? Eu não estava adaptado nem ao antigo."

A conversa continuou com outras perguntas: desde quando o mundo em que a gente vivia era "normal"? Era diferente, mas dificilmente poderia ser chamado de "normal". Aliás, provavelmente nenhuma época da História teria o privilégio desse adjetivo – houve períodos mais ou menos complexos, alguns até de relativa tranquilidade. Mas "normal" não parece ser uma palavra que se aplique à realidade humana – ao menos, não no sentido comum.

A expressão "novo normal" também pode ser entendida como uma tentativa de dirigir o olhar para outro lado, talvez distante do que está acontecendo – é "normal" que milhares de pessoas percam a vida todos os dias em decorrência de um vírus, enquanto outras tantas estão isoladas em suas casas e outras, ainda, estão expostas ao risco?

O Covid-19 e suas consequências têm todas as características para ser um dos eventos mais marcantes, senão *o* evento, para esta geração. Mas o que pensamos disso no momento presente? Como entendemos o que estava acontecendo? Quais significados atribuímos ao acontecimento?

A dimensão planetária do evento chama a atenção. Não se trata mais de um fenômeno localizado em algum país ou continente, ou restrito a um determinado grupo ou região. Como nas mais ousadas ficções científicas, a espécie humana é atacada por um vírus que, curiosamente, deixa intacta todas as outras formas de vida. Em algumas obras ficcionais, eventos dessa magnitude marcam o final do mundo como conhecemos e o começo de uma nova etapa.

É tentador procurar estabelecer este momento como uma marca, um corte em relação ao passado e o início de algo novo; queremos ver sinais de transformações e mudanças, e diversas palavras tentam dar conta do que está havendo – na velocidade em que elas aparecem e somem, citar exemplos seria perigoso: eles poderiam perder o sentido, o momento da escrita e a publicação do livro.

Perguntamo-nos o que vai acontecer "depois", esquecendo que o "depois", historicamente, não existe como um tempo delimitado: o "depois" se realiza no momento em que se transforma em um "agora", dia após dia, nas atividades cotidianas. Na História, o tempo só pode ser visto de trás para frente, com lentes amplas, colocando as coisas em perspectiva. O dia 8 de agosto, quando o Brasil atingiu cem mil mortes causadas pelo Covid-19, pode sequer figurar dos livros de História nos próximos anos, diante de outras datas que marcam o desenvolvimento dos fatos.

No entanto, neste momento, não temos o privilégio do tempo histórico a nosso favor. Resta olhar para o presente com uma visão imediata, quando o passado ainda é ontem e procuramos sintomas sem um diagnóstico. É nesse momento incerto que este capítulo começa.

Nas mídias digitais, nas telas espalhadas em todos os lugares, vemos notícias e mais notícias sobre o que está acontecendo (até o ponto de *não sabermos mais* o que está acontecendo, tamanho o excesso de informações). As notícias geram comentários, as mensagens em grupos de conversa são compartilhadas, tornam-se discussões e debates. Pessoas dão *unfollow* em outras porque suas verdades não batem, ao mesmo tempo em que a realidade do sofrimento de milhares de famílias está diante dos olhos.

Cada fato gera centenas, milhares de comentários, sintomas do pensamento de nossa época. Olhando rapidamente os comentários sobre as notícias a respeito do Covid-19 nos principais portais de notícia, podemos ter uma ideia de como estamos, como sociedade, entendendo o que está acontecendo. Nada profundo ou rigoroso, mas, como diz Edith Stein na p. 35 de *A estrutura da pessoa humana*, "a mais simples análise da experiência cotidiana nos revela algo da estrutura do cosmos e da peculiar posição do ser humano nele".

Nos comentários, as posturas variavam bastante, desde a relativização dos fatos até a atribuição de responsabilidade a alguma pessoa ou grupo, da polarização política à crítica generalizada "contra tudo", passando por expressões de respeito, indignação e lamento.

O que os comentários revelam sobre suas autoras e autores?

De um lado, muito pouco: não é porque a pessoa comentou *x* que posso depreender que ela pensa desta ou daquela maneira: somos seres contraditórios, e essa é uma das complexidades da experiência humana. Dizer que sei algo sobre alguém a partir de um comentário da pessoa na internet seria reduzi-la a uma única manifestação (ao mesmo tempo, só para complicar, o comentário está lá e revela pelo menos *um aspecto* da pessoa).

Por outro lado, mostram alguns dos pontos de vista que estão circulando pela sociedade. Nas mídias digitais, fazer um comentário mostra interesse e engajamento: boa parte do tempo nos limitamos a ler, "curtir" e seguir na infinita rolagem da tela.

Quando as pessoas respondem aos comentários umas das outras, raramente há um diálogo ou troca de ideias: a discordância rapidamente escala para a violência. Trechos e palavras são destacados, deixados fora de contexto e servem como ponto de partida para discussões que, a certa altura, nem estão relacionadas ao assunto principal. Nada de muito novo até aí.

Na maior parte das vezes, o comentário ecoa no silêncio: satisfaz a necessidade de expressão, mas não de interação.

Paradoxo de uma época: esperávamos que as mídias digitais fossem um espaço de interação ("interatividade" foi uma das palavras-chave), mas elas parecem ter se tornado espaço de fala, não de escuta.

A interatividade desmorona diante do individualismo: no lugar das "comunidades", onde há espaço para diferenças entre as pessoas, as "bolhas digitais", nas quais a diferença é deixada de lado – quanto menos conhecemos o outro, mais temos medo dele, mais ameaçador ele pode se tornar na nossa imaginação. No limite, a diferença se torna o inimigo a ser combatido, ainda que para isso seja necessário negar dados evidentes. É o que Theodor W. Adorno, na p. 96 de *Prismas*, define como "o rancor que a enunciação da mais simples verdade provoca naqueles que não se permitem qualquer contato com a verdade, para não colocar em risco o próprio equilíbrio".

Os comentários, mesmo observados de maneira aleatória, permitem entrever algumas das posturas que estamos assumindo, como indivíduos e como sociedade, diante do fato – as reações diante do número de vítimas é um sintoma dos posicionamentos diante do momento. Podemos ter uma ideia não só de como estamos entendendo o presente, mas também algumas das perspectivas para o futuro pós-pandemia.

Tempos diferentes no mesmo espaço

Os primeiros dias da pandemia, em março de 2020, desenharam rapidamente um cenário diferente – parecido com o anterior, mas com novos desafios à convivência. A suspensão das aulas em escolas e universidades e o trabalho em *home office*, quando possível, retirou das ruas um grande contingente de pessoas. O comércio, fechado, também diminuiu a quantidade de gente em circulação e, durante um tempo, variando conforme a cidade e o estado, ficou-se em quarentena.

De repente, todo mundo estava em casa. Trabalhando em *home office*, mães e pais que mantiveram seus empregos dividiam espaço com os filhos que, sem escola, passariam o dia todo em casa. E então nos demos conta da *presença* do outro de um jeito que dificilmente poderíamos imaginar: antes da pandemia, era comum ouvir pessoas falando a respeito da falta de tempo para estar com a família. Agora estávamos todos juntos, o tempo todo. A convivência, de rara, tornou-se obrigatória.

Isso mudou nossa relação com a moradia. Como lembra o geógrafo Milton Santos, a maneira como entendemos o espaço ao nosso redor está ligado às relações sociais que acontecem em cada lugar. O espaço é também construído na relação entre as pessoas (vemos isso, p. ex., quando falamos "Na casa da minha avó…" ou "No trabalho…": definimos o espaço pelas relações que acontecem nele).

Tradicionalmente, o espaço doméstico era um lugar fixo, de retorno e permanência, em contraste com o lugar público, transitório, por onde passamos a caminho do trabalho. A moradia era o lugar do qual se saía pela manhã, deixando toda a familiaridade das relações, para uma jornada rumo a atividades públicas. A casa era o lugar do repouso após a jornada, descanso e convívio próximo, diferente da disputa, competição e agitação do espaço público.

A origem das palavras sugere um pouco isso: historicamente, "doméstico" vem de *domus*, em latim, e *oikós*, em grego, e se referem à "casa", um espaço interno, particular, no qual a lei era determinada pelas normas das relações familiares, as "leis da casa" (em grego, *oikós*, "casa", e *nomos*, "lei", curiosamente próximo da palavra "economia").

Da porta para fora a lei mudava: não era mais a vontade de alguém, mas as regras do grupo – o *publicus*, lugar de estar junto e de exercer uma atividade: mercadores, camponeses e artesãos dedicavam-se a funções que exigiam atenção e atividade física; eles não podiam gastar tempo contemplando a natureza ou pensando nos problemas da vida (afinal, tinham que trabalhar) e, por isso, precisavam dizer "não" ao ócio – um *nec-otium*, de onde nossa palavra "negócio".

Aos cidadãos privilegiados competia uma atividade considerada mais nobre: não fazer nada que envolvesse atividade física ou manual, mas se dedicar aos próprios assuntos. Dentre eles, os mais interessados no bem comum poderiam se dedicar ao cuidado com as coisas públicas (a *res publica*) e com a cidade (*pólis*). Terminadas essas atividades, retornava-se ao *domus*, lugar onde sua palavra era lei (vale lembrar que isso só valia para homens, maiores de idade, livres e cidadãos; qualquer outra pessoa estava excluída dessas atividades e destinada a tarefas consideradas menores).

Durante a maior parte da história, a oposição entre *domus* e o *publicus* caracterizou uma importante separação não apenas de corpos, mas também de atitudes e perspectivas: a casa era o "porto seguro" ao qual se retornava após um dia de atividades na "rua". Desde o final do século XX isso mudou, e não foi por conta da pandemia. A expansão indefinida das jornadas de trabalho vinha provocando, há muito tempo, uma mudança nas relações com o espaço habitado.

Na Modernidade, paradoxalmente, o espaço doméstico parece ter se tornado também um lugar de passagem.

A expansão indefinida das jornadas de trabalho provoca, há muito tempo, uma mudança nas relações com a habitação. A extensão cada vez maior do tempo de atividade profissional, regulado por fluxos de tarefas mais do que por horários, leva a uma nova relação com o espaço da moradia: ficamos mais tempo na rua do que em casa, à qual voltamos, às vezes, só para dormir – poucas horas de retorno, nas quais se encontra uma casa escura e vazia, todos os familiares já dormindo, e se deixa na madrugada seguinte, igualmente no escuro e silêncio, antes dos outros acordarem.

A habitação torna-se estranha quando o *habitat* principal é outro, construído sobre relações sociais passageiras na maior parte do tempo, com uma completa falta de sincronia. Na prática, como cada membro da família tem suas atividades, os tempos e as formas de ocupação do espaço se desregulam: cada um toma o café da manhã em um momento, na pressa de ir para o trabalho ou para a faculdade; o almoço, ao menos durante a semana, raramente é com a família completa, e o jantar é regulado pelo término das atividades de cada um e o retorno à habitação, o que pode acontecer em tempos radicalmente desiguais.

E então, subitamente, o espaço habitado ganhou novas dimensões: se era primordialmente o lugar de relações sociais esparsas, restritas ao tempo da noite ou dos finais de semana, de um momento para outro passou a significar uma convivência ininterrupta, contínua e artificialmente expandida. A casa, destinada predominantemente ao ato de morar, passou a abrigar compulsoriamente outros espaços, o do trabalho e da educação.

Os tempos de cada membro da família foram reunidos sob o mesmo espaço – como em um filme de ficção científica no qual o tempo passasse de maneira diferente para cada pessoa ou em cada cômodo: uma faz tudo de maneira acelerada, outro em câmera lenta, outro em velocidade normal, mas compartilhando a mesma cena. Isso leva a sobreposições entre as atividades – o horário de trabalho de um coincide com o estudo do outro, o movimento na hora de cozinhar é também o momento de concentração de alguém, o barulho da cozinha, do chuveiro ou da televisão interfere na reunião virtual, criando não apenas constrangimentos ("desculpem o barulho...") como também se tornando uma fonte potencial de conflitos. Com tempos diferentes no mesmo espaço, a quarentena mostrou, logo nos primeiros dias, um lado complicado das relações humanas – a presença constante.

A presença constante do outro e a imagem de si mesmo
Você já ouviu a frase "o inferno são os outros"? A expressão é do filósofo Jean-Paul Sartre, no final da peça *Entre quatro paredes*, escrita em 1944. A ação se passa no inferno – mas não sabemos disso no começo, então desculpem o *spoiler*. O lugar é diferente do que se imagina: não há punição física, fogo ou anjos caídos atiçando caldeirões com tridentes. Trata-se apenas de uma sala ampla e bem iluminada, onde três pessoas – um homem e duas mulheres – são introduzidos. Aos poucos, descobrimos algumas características perturbadoras do lugar: a luz está sempre acesa, não há como sair, não há o que fazer, ninguém sente sono. Os três, eternamente juntos, sem intervalos: o inferno são os outros.

Tempos diferentes habitando espaços iguais. A quarentena colocou um grande número de pessoas em uma relação constante e contínua, a "vida sem interrupção", como diz uma das personagens de *Entre quatro paredes*. A presença do outro desafia, desloca, torna impossível o silêncio na medida em que convoca à interação: poucas coisas podem ser mais constrangedoras do que estar na presença de alguém e não falar nada, não dizer nada, tentar ignorar que ela existe – ou fingir que você não existe. O filósofo Emmanuel Lévinas, na p. 49 de *Humanismo do outro homem*, lembra-nos que "a relação com o Outro questiona-me, esvazia-me de mim mesmo e não cessa de esvaziar-me, descobrindo-me possibilidades sempre novas".

Estar ao lado do outro cria não só a necessidade de interação, mas também uma série de constrangimentos a respeito *do que* se vai falar; se isso é fácil quando a situação é espontânea e queremos conversar com a outra pessoa, imagine quando acontece de maneira forçada: *precisar* conversar pode ser tão complicado quanto *não poder* falar com outra pessoa.

Com a convivência forçada, fica difícil conseguir algo fundamental: um momento só para você. Na prática, isso sempre foi complicado – e quase impossível para alguns grupos sociais. Virgínia Woolf, no livro *Um teto todo seu*, recorda que uma das maiores dificuldades para uma mulher escrever é a ausência de um lugar para fazer isso: historicamente, o "lugar da escrita", o *scriptorium*, era ocupado pelo "homem da casa", e a mulher que tivesse condições de escrever (tanto mais raro conforme se recua no tempo, devido às imposições e preconceitos de cada época) precisaria encontrar qualquer outro lugar para isso.

O isolamento social trouxe novas dimensões e aprofundou alguns desses problemas. O tempo para si mesmo, de contato consigo, que sempre foi problemático, tornou-se inviável em alguns casos. Se a presença do outro me desafia e me desloca, ao mesmo tempo cria também um polo de atração para fora de mim: sua presença me recorda de quem sou. O olhar do outro que incide sobre mim modula minha própria visão a respeito de mim mesmo quando sei, mesmo tentando não me importar, que ele está me atribuindo características, qualidades, problemas, uma história e uma perspectiva. Estar diante do outro instaura uma *reflexividade* nas relações pessoais e na autoimagem de cada um de nós. Passo a me ver também espelhado nele, uma parte de mim se constitui a partir dessa imagem que vejo refletida no outro.

Charles H. Cooley, um dos pioneiros dos estudos da interação humana, chama isso de *looking-glass self*, que poderia ser mais ou menos traduzido como "eu autoespelhado" ou "si autoespelhado" (o conceito de *self* não tem uma equivalência absolutamente exata em língua portuguesa, mas estaria próximo da ideia de "si-mesmo", algo "para si mesmo"). Desde a infância aprendemos a nos ver através dos outros, das outras pessoas – o que pensam a nosso respeito, como nos consideram, qual imagem fazem de nós. Podemos não *saber* exatamente o que estão pensando sobre nós, mas pelo menos *imaginamos*, e isso nos leva a pensar a nosso respeito de acordo com esses conceitos que presumimos nos outros – isso quando as outras pessoas não mostram, ou dizem, diretamente o que pensam da gente.

No cotidiano, atribuímos mais ou menos valor a essas considerações sobre nós.

A ofensa de um desconhecido, que vamos ver uma única vez na vida, provavelmente terá um peso pequeno na composição de nossa autoimagem (não é à toa que, para ofender, o desconhecido talvez use preconceitos e fobias histórica e socialmente construídas).

Por outro lado, o comentário de alguém com quem nos relacionamos continuamente, ou que consideramos significativamente importante, tende a ocupar um espaço maior, talvez definitivo, na maneira como nos definimos – nossa imagem é construída a partir dos valores que aprendemos a atribuir a nós mesmos, e esse processo está diretamente ligado às vivências com os outros.

Desde pequenos, a opinião das pessoas sobre nós são fundamentais para definirmos quem somos – se a pessoa importa para nós, o que ela diz pode reverberar por décadas, talvez pela vida toda, refletindo naquilo que nos tornamos (daí o cuidado necessário, na convivência, com o que falamos para nos referir aos outros; como lembra Roland Barthes, a palavra emitida nunca pode ser retomada. São alguns segundos para ser dita, mas pode ficar por décadas no imaginário da outra pessoa).

Durante a quarentena ficamos diante dos outros por uma quantidade de tempo muito superior ao momento anterior. Precisamos reaprender o outro, e nesse exercício estamos também aprendendo algo sobre nós mesmos. Notamos a força e a "fragilidade dos laços humanos", como diz Zygmund Bauman em *Amor líquido*, e como, talvez, estávamos diante de pessoas com quem convivemos, mas talvez não conhecíamos o suficiente, de maneira contínua.

Esta é outra característica paradoxal da Modernidade: nossos laços mais intensos também são os mais frágeis. Passamos boa parte do tempo em relacionamentos profissionais ou escolares, aos quais dedicamos uma alta intensidade de investimentos psíquicos e emocionais – sem mencionar a energia dispendida em interações nas mídias digitais. Justamente os laços que podem se desfazer de um momento para outro: trocamos de emprego, terminamos etapas escolares, "seguimos" ou "bloqueamos" pessoas nas redes sociais. Esses espaços de relacionamentos potencialmente efêmeros se deslocam já na Modernidade.

No mundo pré-pandemia, por outro lado, a relação com o espaço familiar se caracterizava pela *passagem* e se tornava, pela falta, objeto de um desejo ("Queria ficar mais tempo com a minha família" ou "Não fico tempo suficiente com meus filhos", "Estou trabalhando demais").

Com a pandemia, esse desejo se realiza de maneira abrupta, rápida e incompleta: não se trata de uma escolha, mas de uma necessidade. A transformação nos espaços de habitação trouxe a realização de um desejo contemporâneo, mas sob um véu inesperado e contraditório. De repente, para alguns de nós, o processo não deixa de ter uma nota de ironia: fomos *forçados* a compartilhar a maior parte de nosso tempo com pessoas com quem *queríamos* compartilhar a maior parte de nosso tempo.

Sozinho com todos os outros

Antes da pandemia era comum a imagem de pessoas, em restaurantes ou cafés, sentadas lado a lado, cada uma mexendo em seu smartphone, interagindo em redes sociais, ignorando a presença um do outro. A presença na tela era mais interessante, mais atrativa do que a sensação real de estar diante de outra pessoa. O indivíduo ao lado disputava a atenção com as novidades da tela – de notícias importantes a atualidades da vida dos outros, passando por gatinhos brincando, cachorros fofinhos –, em um fluxo quase infinito de mensagens e notificações. Lado a lado, mas completamente distantes.

Como lembra Hannah Arendt em *A condição humana*, p. 188, a "ação, como distinto da criação, nunca é possível em isolamento; estar isolado é estar privado da capacidade de agir. Ação e discurso precisam da presença dos outros ao redor, não menos do que a criação depende da natureza ao redor".

A pandemia trouxe a expressão "isolamento social" para os debates. Mas já não estávamos isolados? A dificuldade de criar laços, e mais ainda de mantê-los, é um dos problemas da Modernidade, não apenas do momento atual. Curiosamente, a qualidade das relações pessoais parecia ser medida com os mesmos índices de outras atividades: esperava-se das pessoas não só uma vida de alta *performance* na profissão, mas também um amor de alta *performance*.

O isolamento mostrou outros panoramas.

Estamos redefinindo a noção de *presença*. Aprendemos que a curtida não substitui o abraço, e a interação por uma tela não tem quase nada em comum com o ato de compartilhar a presença física, a troca de olhares, a proximidade dos gestos e a variedade das expressões. Talvez, depois de tudo isso, seja possível dar um real valor ao ato de *estar junto*, aprendendo a deixar o smartphone de lado durante uma conversa e desfrutando da presença do outro.

O Covid-19 ampliou uma situação de isolamento na qual muitas pessoas já estavam. Mas "isolamento" e "solidão" são coisas diferentes, embora estejam perto uma da outra. Utilizando uma distinção vista em outros lugares, "isolamento" se refere à situação física de *estar sozinho*, sem ninguém perto, enquanto a solidão é mais um estado de alma referente à sensação de *se sentir* só, mesmo cercado de milhares de pessoas.

Desde meados do século XIX a literatura e a filosofia notaram um paradoxo das grandes cidades, magnificamente capturado no título do livro de David Riesman, *A multidão solitária*: estar ao lado dos outros, nas ruas, não significava a sensação de "estar junto" – ao contrário, acentuava a sensação de solidão diante de tantas pessoas.

Edgar Allan Poe, no conto "O homem das multidões", foi um dos primeiros a registrar esse sentimento de estar sozinho em meio a milhares de pessoas, acompanhando sem estar, de verdade, com ninguém. Na história, um homem acompanha, entre curioso e atônito, os movimentos da multidão que percorre a cidade, na qual blocos de pessoas seguem lado a lado, mas cada indivíduo concentrado em suas próprias atividades.

Quase dois séculos depois, o tema retorna, agora para designar nossa vida nas mídias digitais. No livro *Alone together*, a pesquisadora Sherry Turkle argumenta que vivemos em uma "solidão conectada": para escapar do isolamento da vida contemporânea nos ligamos em redes sociais que aumentam, em vez de diminuir, essa sensação de estar sozinho. Na rolagem infinita das telas, vemos vidas que não são a nossa, visões do que poderia ter sido, onde circulam nossas projeções e identificações. As conexões nas mídias sociais acompanham de perto a precariedade dos vínculos em rede – perto o suficiente, mas a uma distância segura.

Antes mesmo da pandemia, o isolamento e a solidão eram a condição de muitas pessoas – esquecidas pela família ou pela sociedade em espaços distantes do convívio, relegadas a papéis secundários nas conversas, deixadas de lado e invisíveis, mesmo diante dos outros. Se o isolamento é uma situação nova para alguns, para outros é a condição normal.

Mais ainda, o isolamento não foi, e nem poderia ser nas condições correntes, geral, mas parcial e, até certo ponto, estratificado. Assim como muitas das outras características do momento, a situação social e econômica demarca com força as possibilidades de tomar esta ou aquela atitude em relação às outras pessoas: saber o que deve ser feito não significa que é *possível* tomar a atitude correta (o que é diferente de uma pessoa com condições de proteger a si e aos outros não fazer isso simplesmente porque não quer).

A escolha relativa ao isolamento tem outro aspecto: a responsabilidade em relação aos outros. Dada a natureza do vírus, a opção por tomar ou não os cuidados necessários não diz respeito apenas à pessoa que escolhe, mas também às outras ao seu redor, desde anônimos até os laços mais próximos. Isso remete a outra questão: a formação dos vínculos de comunidade e, mais ainda, de comunicação.

O aprofundamento das diferenças sociais

Algumas páginas atrás está a frase: "De repente, todo mundo estava em casa".

"Todo mundo" quem, exatamente?

Uma formulação mais exata seria: "De repente, todo mundo que tinha as condições necessárias para isso estava em casa". A pandemia mostrou, de maneira mais acentuada, o efeito humano das diferenças sociais já existentes – seus efeitos já eram sentidos com absoluta força no mundo pré-pandemia, e se revelam com uma intensidade ainda maior.

O distanciamento social e a quarentena mostraram com nitidez as barreiras entre diferentes parcelas da população – uma reflexão a respeito do presente ou futuro das relações sociais precisa levar em consideração em quais condições o isolamento, a convivência ou uma nova configuração das relações sociais se torna possível – e a que custo.

Alguns exemplos a serem tomados como sintomas, não como retrato.

A suspensão das aulas presenciais nas escolas levou as crianças para dentro de casa, exigindo uma rápida reorganização das tarefas para adequar os ritmos à presença dos filhos e às suas novas rotinas de estudo. Como trabalhar com crianças em casa? Uma possibilidade seria dividir os cuidados (aliás, não era preciso esperar uma pandemia para isso). Ao que parece, no entanto, o que houve foi uma jornada extra de atividades para as mães, incumbidas também, agora, dessa tarefa. As diferenças de gênero encontraram nesse ponto uma nova forma de manifestação.

Mas essa presença também gerou uma dificuldade em termos da divisão e do uso de espaços e equipamentos – e de suas condições. Como reproduzir em casa o espaço escolar ou profissional? A ideia presume que toda casa está adaptada para receber atividades escolares e profissionais designadas para outro ambiente. Nada garante que essas condições existam.

Na melhor condição, cada pessoa da família tem seu próprio quarto, equipado com um computador e acesso dedicado, via cabo, à internet. Assim, mães e pais trabalham, e filhos estudam. Quantas famílias têm mais de um computador por residência, cômodos suficientes para que cada pessoa trabalhe ou estude em silêncio, separada das outras, com a concentração necessária? Se a mãe ou o pai precisa do único computador da casa para trabalhar no horário de aula dos filhos, como resolver isso? Sem mencionar as diferenças de *performance* entre um computador pessoal, de uso doméstico, e a qualidade de máquinas profissionais.

Ao mesmo tempo, em termos econômicos, as diferenças entre quem pode ou não ficar isolado parecem ter sido demarcadas também pelas condições de possibilidade: nem todo mundo pode fazer *home office*, criando um dilema entre o risco de se expor ao vírus e a necessidade de trabalhar. Para todo um contingente de trabalhadores, esse dilema sequer foi colocado – parar seria impossível. A ideia do "fique em casa" lidava com uma questão condicional, e o índice de isolamento social talvez jamais chegasse a 100% – não necessariamente por falta de querer (o que é outra coisa), mas pela impossibilidade de não trabalhar.

A vulnerabilidade provocada pela pandemia não é vivida de maneira igual por todas as pessoas. Ao contrário, ela é acentuada por outros fatores sociais e econômicos responsáveis por aumentar potencialmente o risco – e definir quem terá mais ou menos chances diante da situação. Isso gera uma diferença, apontada em alguns índices, entre as taxas de mortalidade segundo a faixa de renda – a questão é multifatorial, mas o indicador econômico não deixa de ser, socialmente, um sintoma das diferenças nas condições de vida e de trabalho como um elemento relacionado à vulnerabilidade diante do problema. É possível argumentar que a pandemia afeta a todos, e que ninguém está livre ou isento de ser atingido. Correto, mas é preciso levar em consideração a probabilidade de ser afetado, de acordo com várias condições. Todos somos vulneráveis, mas alguns são mais vulneráveis do que os outros.

A relação com o tempo

No *home office* parecem existir condições para um prolongamento indefinido da jornada de trabalho – não há a noção de "ir" ou "voltar": em casa, o tempo profissional se mistura com os outros, entra em conflito com atividades, arrisca-se a deixar de ter um início ou final visíveis. O isolamento social, por sua vez, diminuiu ou eliminou a convivência familiar para além do núcleo mais próximo. Quando isso acontece, perdemos algo fundamental para a percepção do tempo: os marcadores da *duração* dos eventos. Henri Bergson, filósofo francês, lembra-nos disso em *A evolução criadora*: não sentimos o tempo como algo contínuo, mas a partir das quebras provocadas pelos acontecimentos. A partir dessas marcações ("hora de ir para a escola", "dia de visitar a vovó") construímos nossa relação com o tempo.

No cotidiano atual, com as demandas quase infinitas de cada instante, o número de divisões no tempo aumenta, criando a sensação de que o tempo em si estaria passando "mais rápido". A rigor, é a quantidade de eventos em um mesmo instante que cria essa sensação: temos mais coisas para fazer em um mesmo tempo cronológico, e, por isso, precisamos dividi-lo em pedaços cada vez menores – daí a sensação de que o tempo está passando cada vez mais rápido.

Mas o contrário também é verdade.

Quando, por algum motivo, o número de eventos diminui, perdemos a dimensão da passagem do tempo – o tempo flui devagar, sem acontecimentos, em um ritmo indicado no máximo pela diferença na luminosidade do dia.

Durante o Covid-19, as marcações do tempo flutuaram das mais diversas maneiras. Nos primeiros dias de quarentena, quando o índice de movimentação nas ruas era baixo, a sensação era de uma certa diminuição da velocidade: o fato de passarmos o dia todo no mesmo lugar alterou nossa relação com a duração dos eventos. Aos poucos, conforme as atividades migravam para outras condições, como plataformas online ou outras modalidades, a separação entre os momentos começou a recuperar sua nitidez – agora, desafiada pelo fato de os diversos tempos habitarem o mesmo lugar, com demandas e possibilidades diferentes.

A coragem de aprender com os acontecimentos

No ano de 1784, na cidade de Königsberg, antiga Prússia Oriental (hoje, Rússia), o filósofo Immanuel Kant publicou um pequeno texto, de pouco mais de dez páginas, intitulado "Resposta à pergunta 'O que é o Iluminismo?'" A questão havia sido proposta por Reverend Johann Friedrich Zöllner na revista *Berlinische Monatsschrift*. Naqueles tempos pré-internet, sem redes sociais ou *newsletters* de entidades científicas, era comum que as associações acadêmicas lançassem questões abertas, às vezes valendo prêmios em dinheiro, para a comunidade de pesquisadores. Além de Kant, filósofos como Jean-Jacques Rousseau e Arthur Schopenhauer participaram de concursos semelhantes, e algumas de suas obras mais interessantes nasceram dessas oportunidades.

O texto de Kant, no entanto, chama a atenção por seu caráter politicamente ousado, quase explosivo. Na história da filosofia, Kant não é muito lembrado como um rebelde, menos ainda como um revolucionário. Ao contrário, alguns livros destacam sua vida regular, praticamente sem grandes eventos – nunca saiu de sua cidade natal, nunca se casou, não tinha amigos particularmente próximos. No entanto, para além dessa aparente tranquilidade, havia não só uma das maiores mentes de seu tempo, talvez de todos os tempos, mas também uma pessoa interessada na vida em comum do ser humano.

"O Iluminismo", diz Kant no início do texto, "é a saída do ser humano da minoridade na qual está por conta própria". "Saída da minoridade", isto é, a conquista da autonomia necessária para tomar suas decisões e se tornar adulto; "na qual está por conta própria": Kant não facilita, e coloca nas mãos de cada pessoa tomar a atitude de sair dessa "minoridade intelectual" e assumir a responsabilidade por suas próprias decisões. E então, Kant define uma postura radical: "*Sapere aude!* Tende coragem de se servir do próprio entendimento!" (esse é provavelmente o único ponto de exclamação nas centenas de páginas de suas obras).

O filósofo não começa, aí, a fazer distinções: ao que parece, todos os seres humanos são livres, se quiserem, para fazer uso de seu próprio entendimento e ultrapassar os limites atuais do pensamento. Em linhas bastante gerais, essas limitações estão no pensamento de cada pessoa, povoado por ideias feitas, noções preconcebidas, superstições, crenças e dogmas que impedem o pensamento de explorar livremente qualquer caminho – seria, em uma comparação imprecisa, uma espécie de "autocensura" do pensamento, que, habituado a um caminho, tem medo de abandonar seus conceitos prévios e buscar novos rumos. A advertência do filósofo não se dirige igualmente a todo mundo; aqueles que, por alguma razão, não tiveram a oportunidade do "entendimento" não estão na condição de minoridade por vontade própria. Kant fala com quem, tendo a chance de conquistar sua autonomia, prefere continuar a ser dirigido por alguém.

Isso tem uma consequência imediata: fechado em suas crenças, o ser humano se torna uma presa fácil de outras pessoas que, aproveitando-se disso, inventam regras, caminhos e proibições *para os outros*. A autonomia do pensamento, parece indicar Kant, está na base da liberdade do ser humano.

Contrariando a mentalidade da época, Kant parece defender uma igualdade radical: toda e qualquer pessoa é capaz de pensar por sua própria cabeça, e essa é uma condição fundamental para a emancipação do ser humano, para sua liberdade. Emancipação de quê? Qual é essa minoridade na qual as pessoas vivem, segundo Kant?

Mas aprender requer coragem.

Uma das perguntas mais frequentes desde o começo desta situação é: "O que vamos aprender com isso?" Mas talvez seja necessária uma pergunta anterior: "*Vamos* aprender alguma coisa com essa situação?" Ou, ainda outra, mais provocadora: "Teremos coragem de aprender algo com o que está acontecendo, ou vamos, na primeira oportunidade, tentar retornar a um passado que já não existe mais, em um exercício de apagamento histórico como tantos outros?"

Coragem de aprender: logo no início de seu texto "Resposta à pergunta 'O que é o Iluminismo?'", Immanuel Kant se refere à necessidade de o ser humano usar a razão para tomar suas decisões, pensar em seu comportamento e atitudes em relação aos outros. A certa altura, o filósofo se refere à "coragem de se servir do próprio entendimento". O Iluminismo, recorda Kant, é o esforço para tirar o véu de ideias feitas, superstições, crenças infundadas e preconceitos que dificultam o livre-curso do raciocínio. O ato de "tirar o véu", "desvelar" é a tarefa do conhecimento; é a "luz da razão" capaz de tirar o ser humano das trevas desse tipo de pensamento.

Por que um filósofo como Kant, interessado nas questões da lógica e da crítica do pensamento, vai buscar em uma emoção a coragem, um pré-requisito para explicar o Iluminismo? A resposta talvez não seja das mais simples, mas podemos fazer alguns delineamentos iniciais: pensar requer coragem. Se, como diz Guimarães Rosa em *grande sertão: veredas*, "viver é muito perigoso", pensar também é. Por isso, o uso do raciocínio demanda coragem – em primeiro lugar, para olhar suas próprias limitações e possibilidades.

Ter "coragem de se servir do seu próprio entendimento" não é, como poderia eventualmente parecer, uma defesa apaixonada das próprias opiniões. "Pensar por si" não significa se agarrar incondicionalmente a dogmas e, a partir disso, tentar impor uma opinião aos outros. Ao contrário, o primeiro requisito de um pensamento autônomo parece ser desconfiar de si mesmo: uma crítica da razão não pode deixar de lado uma autocrítica, coragem para rever suas próprias posições, examinar o fundamento das crenças e ideias que temos como corretas e ter a dúvida, não a certeza, como uma companheira de pensamento. "Eu quase que nada não sei", diz Rosa, novamente em *Grande sertão*, "mas desconfio de muita coisa". O movimento do pensamento é pautado não na elaboração de certezas, mas em seu questionamento – uma das formas de coragem na utilização da razão. Há um *não saber* que precisa ser reconhecido: só reconhecendo meus limites consigo me esforçar para ir além.

Só que, para rever posições, encontrar limites e reconhecer erros é necessário coragem. Pensar por conta própria pode nos deslocar de nossas convicções, colocar em dúvida o que julgávamos saber, examinar duplamente aquilo que até então considerávamos uma verdade. Em última instância, o pensamento leva a caminhos inexplorados – sem mapa, sem trilha pronta. E, mais ainda, sem alguém para responsabilizar por nossas convicções ou justificar nossas escolhas. Exatamente por isso o exercício do pensamento, lembra Kant, é complexo e requer esforço e coragem: pensar é avançar no território de um *não saber* sem garantias.

A ciência, de maneira geral, não trabalha com certezas ou resultados incontestáveis. Ao contrário, ela se pauta muito mais na busca pelo saber, no teste e na comprovação de resultados sempre provisórios, parciais, à espera da próxima experiência para comprovar ou refutar uma ideia. No senso comum a ideia de "ciência" costuma ser associada à clareza e à precisão: quando queremos mostrar que nosso argumento é válido usamos a expressão "A ciência prova que..." ou "A ciência mostra que..."

Sem dúvida, esses argumentos têm sua importância, e cada descoberta ou argumento científico sério certamente é válido. A questão é *por quanto tempo*: ao contrário do que mostra o senso comum, as certezas da ciência estão sempre esperando novas comprovações ou refutações. Por isso, mesmo o conhecimento científico, talvez o mais próximo do que entendemos como "racional" na sociedade contemporânea, também requer a coragem –

no caso, a coragem de retomar as mesmas perguntas originais, fazer os testes, saber que todo conhecimento, por mais rigoroso que seja, tem uma validade limitada no tempo e no espaço.

"Ter coragem de se servir do próprio entendimento", portanto, não precisa ser entendido como uma apologia do individualismo ou da crença inabalável nas próprias opiniões; ao contrário, é a coragem para se deixar ser deslocado por dúvidas, perguntas e questionamentos – os ingredientes que, em todas as épocas, fizeram o conhecimento avançar. Talvez não seja coincidência que em regimes totalitários a ciência progride pouco: como há certezas "oficiais" que não podem ser questionadas, o conhecimento perde um de seus componentes principais: a coragem de fazer perguntas.

Exatamente por isso, um pensamento com coragem é também um pensamento que conhece seus limites no âmbito da experiência humana, e não avança para áreas para além de seu alcance. Nem tudo no ser humano pode, ou deve, ser racionalizado. Servir-se do próprio entendimento, não sem algo de paradoxal, significa saber também quais são os momentos da vida humana em que as emoções, os sentimentos e os afetos tomam a dianteira – e porque isso não apenas é absolutamente normal como também é saudável.

Em um exemplo simples, a ciência pode explicar a vida em seus mínimos detalhes e mostrar, com isso, a beleza e a complexidade da biologia – quando, no entanto, alguém está triste pela perda de uma vida, saber o que aconteceu talvez não ajude muito: o limite do pensamento racional se delimita com a esfera do sentimento e da experiência afetiva. Dito de maneira mais simples, se o conhecimento racional pode explicar cada detalhe da vida, estamos além dele quando precisamos do consolo na perda.

A pergunta respondida por Kant não está isolada de seu tempo. O século XVIII é uma das datas de início da chamada *Modernidade*, época marcada pelo desenvolvimento progressivo dessa nova perspectiva da racionalidade como forma de emancipação. Esse período testemunhou várias mudanças que hoje, retrospectivamente, chamamos de "revoluções", pelo seu caráter de transformação rápida e inesperada: a Revolução Industrial, a Revolução Científica e a Revolução Francesa. De certa maneira, todas elas são resultado de complexos processos econômicos, políticos e sociais de momentos anteriores, mas atingem uma forma definida sobretudo no século XVIII.

E, cada uma a seu modo, trouxe uma promessa de emancipação: econômica, política e racional.

E também carregaram sua sombra: a emancipação econômica, na doutrina liberal, não foi capaz de evitar que milhões de pessoas ao redor do mundo vivam em uma miséria artificialmente provocada; decorrente, em parte, das mesmas perspectivas e premissas que deram origem à Revolução Industrial; algumas descobertas científicas, distantes de considerações ou questionamentos éticos, tornaram-se instrumentos de terror e opressão entre as nações, e mesmo dentro de cada nação, entre povos, grupos e indivíduos; e a liberdade prometida pela Revolução Francesa se transforma, em pouco mais de onze anos, no império de Napoleão.

Se as promessas do Iluminismo também trouxeram seus espaços de obscuridade, nem por isso deixaram de mostrar caminhos que seriam particularmente frutíferos para a humanidade; a ciência moderna, a ideia de direitos e liberdades humanas e a democracia estão entre os legados mais importantes da Modernidade, e seria no mínimo apressado jogar fora de uma vez essas conquistas; seria, para combater as obscuridades da Modernidade, optar não pela crítica, mas pela rejeição – algo muito próximo do *obscurantismo*; isto é, a negação da razão, não a partir da constatação de seus limites internos, como se espera de uma razão crítica, mas pautada em concepções e ideias *alheias* ao domínio do racional, que veem a autonomia do pensamento e a busca de evidências como obstáculos para o desenvolvimento de alguns pontos de vista.

Por isso, à pergunta "O que vamos aprender desta crise?" talvez seja necessário lembrar da coragem de aprender alguma coisa. De rever posições, atitudes e relacionamentos que estavam nos fazendo mal e os quais temos a oportunidade de transformar. Mais ainda, teremos coragem de observar as raízes de tudo o que aconteceu – um planeta inteiro foi pego desprevenido – e evitar que isso se repita, ou vamos simplesmente retomar uma vida normal até a próxima crise? A coragem de aprender significa pensar o que podemos mudar em relação ao mundo que deixamos para trás e, ao mesmo tempo, pensar nos prognósticos para o futuro.

O conhecimento, nesse ponto, é uma experiência crítica para, a partir do que é aparente e visível, procurar o contexto, as causas e consequências de uma condição; como diz Marx na p. 1.080 do 3º vol. de *O capital*, "se essência e aparência fossem coincidentes, toda a ciência seria inútil". Um conhecimento que desconfia de suas aparências e procura ir mais longe requer coragem – inclusive, e talvez com mais força, para errar e recomeçar em uma sociedade na qual o erro raramente é discutido e o sucesso se afirma como única possibilidade: deixar de olhar para os erros cometidos na ilusão pode se tornar o caminho para a repetição do que está acontecendo.

As lições que podemos tirar desta pandemia dependem de qual aspecto vamos privilegiar. E não faltam possibilidades, desde o aspecto científico – em termos de um conhecimento maior a respeito do vírus e sua proliferação – até as questões humanas e políticas. Claro que, na prática, todas essas dimensões estão ligadas, mas cada pessoa pode, ao destacar algum aspecto, concentrar sobre ele suas reflexões e aprender a partir daí – tendo coragem para aprender e rever seus pontos de vista.

Aqui, dentre os vários pontos de vista possíveis, gostaria de destacar um para os próximos tópicos: as interações humanas durante este período, do ponto de vista da Comunicação e das

Ciências Sociais. A "coragem" indicada por Kant tem um aspecto fundamental que pode ser relacionado a essas duas áreas do saber: o que ele chama de "uso público da razão", ou seja, a capacidade e a possibilidade de uma pessoa para *expressar* publicamente suas razões, e os motivos que formam suas opiniões a respeito de alguma coisa. Usar o próprio entendi mento significa também colocá-lo diante de outros raciocínios no espaço público a partir de um tipo especial de interação – a comunicação.

Muita informação, pouca comunicação

O que não falta, neste momento, é informação. O suficiente para ofuscar pela sua quantidade. Paradoxo do tempo: cercados de fontes de informação, talvez nunca tenhamos estado mal-informados como agora. Para entender o alcance disso é necessário recuar um pouco para algumas definições iniciais.

A palavra *informação* está ligada, em sua origem, à ideia de "forma": "informar" é "colocar dentro de uma forma", ou "dar um formato" a alguma coisa. Uma *informação*, portanto, é algo que cabe em um padrão ou modelo específico, a partir do qual adquire algumas propriedades: a *forma* da informação está ligada ao seu conteúdo, de maneira mais ou menos direta. Essa relação entre forma e conteúdo, aliás, é um dos grandes problemas da arte ao longo dos séculos: como expressar algo dentro de um formato específico?

Talvez não seja coincidência que, na História da Arte, os movimentos procuraram não apenas novos conteúdos, mas também novas *formas* de expressão – isto é, outras maneiras de *informar*. A informação é, antes de tudo, um *modelo* ou uma *forma* utilizada como *suporte* de um conteúdo, com a qual se articula o tempo todo.

Você pode perceber essa qualidade da informação de "dar forma" a uma mensagem em várias situações cotidianas. Lendo este livro, por exemplo, você está vendo um conteúdo adequado ao formato "letras sobre uma folha em branco" (mesmo em um dispositivo de leitura digital o princípio é semelhante). Esse tipo de "forma", o livro, carrega um número limitado de conteúdos: basicamente, palavras e imagens fixas, como desenhos ou fotografias. O conteúdo "som" simplesmente não existe neste tipo de "forma" – algo que, por outro lado, pode acontecer se você estiver lendo em um tablet ou um reader. No momento em que estou escrevendo, diante de uma tela de computador, sei que a forma "livro" tem suas limitações e, portanto, é necessário adequar o *conteúdo* à *forma*.

Imagine, por exemplo, que em vez de um livro, isto fosse um debate entre os autores, transmitido em uma plataforma de vídeo: todo o conteúdo de cada um de nós precisaria ser radicalmente adaptado. Em vez de um *tamanho* (o número de páginas de cada um), haveria um *tempo* de exposição; a informação *textual* seria substituída pela informação *verbal* e *audiovisual* e, principalmente, a *recepção* seria diferente: em vez de segurar um livro ou um tablet na posição de leitura, com uma informação predominantemente visual, você poderia simplesmente ouvir o que cada um de nós tem a dizer, sem necessariamente ficar olhando para a tela – e, portanto, sua experiência seria outra. A forma, portanto, age sobre o conteúdo: informar é *dar forma* a algo, de maneira a permitir sua transmissão a outro lugar da melhor maneira possível.

Nesse sentido, em sua concepção mais simples, a informação pode ser definida também como a menor unidade de qualquer tipo de conteúdo que traz uma novidade para um sistema, composto por informações semelhantes. A expressão comum "processar uma informação" significa ligar um dado novo com o conjunto ao qual ele pertence, gerando alguma coisa a partir dessa relação estabelecida – por exemplo, aprendemos alguma coisa.

Os conteúdos que uma informação leva de um lugar para outro não fazem sentido sozinhos. Eles só têm alguma relevância quando relacionados com outras informações que trazem outras partes do conteúdo. A unidade mínima da escrita, por exemplo, é a letra – mas uma letra sozinha não significa muita coisa; para fazer sentido, uma informação precisa estar relacionada com outras (outras letras, no caso) de acordo com uma regra ou *código*.

Por exemplo, para formar uma palavra, as letras se relacionam a partir do código "língua portuguesa"; já para formar itens em uma tabela, as mesmas letras se organizariam de acordo com outra regra, a "ordem alfabética". Dito de outra maneira, as informações só ganham relevância e fazem sentido quando estão relacionadas umas às outras a partir de um código. A relevância de uma informação depende de nossa capacidade de confrontá-la com o código, isto é, nosso conhecimento anterior que permite situar o dado novo em um contexto e, a partir daí, entender seu significado. Por isso, o acúmulo de informações não significa, necessariamente, conhecimento.

Por isso não adianta, na prática, ter muitas informações: se você não tiver um código, isto é, o conhecimento necessário para relacioná-las entre si e, a partir disso, extrair algo novo, a informação tende a ser irrelevante.

Neste momento, por exemplo, você está lendo um texto feito a partir de unidades mínimas de informação, as letras, que, embora sejam diferentes entre si, estão relacionadas – são todas representações de sons. A partir da relação entre elas, formando palavras, páginas e o texto do livro, chega-se a algo novo – o *significado* deste livro. Todas as informações, aqui, procuram convergir para isso, utilizando as informações da escrita.

Se, no meio de uma frase aparecesse um desenho qualquer, como um "☺", haveria um estranhamento: a informação "☺" simplesmente não pertence ao mesmo conjunto das letras – o sistema que conhecemos como "alfabeto".

Na arte, às vezes informações de sistemas diferentes são usadas juntas para criar novos significados e formas de expressão. Nas artes plásticas, boa parte das vanguardas do século XX abandonou o uso exclusivo dos códigos informacionais da pintura e da escultura para buscar outras formas de expressão – e provocando surpresas semelhantes.

A informação é movimento e atua de maneira dinâmica: a entrada e a saída de informações em um sistema que garante seu movimento. Por isso, para um sistema funcionar, são necessários novos dados que, contrastando com os antigos, tendem a gerar algo novo. Informações são dados *quantitativos*, podem ser medidos em termos numéricos. O bom funcionamento de um sistema depende do equilíbrio entre a quantidade de informações que entra e sua capacidade de processá-las; isto é, de confrontá-las com outras informações.

Desde o início da pandemia, todas e todos nós somos confrontados, a cada minuto, com uma quantidade imensa de informações. Elas chegam a partir de fontes oficiais, em sites, perfis de redes sociais, pelo jornalismo e pela televisão; especialistas são entrevistados, ganham destaque, fazem *posts* em suas próprias redes, avisam, alertam. Mas também recebemos informações a partir de nossas conexões pessoais, amigos, familiares.

Uma quantidade quase incalculável de dados circula nas redes e chega até nós, transmitindo novidades que parecem verdades, até serem desmentidas no minuto seguinte. Nesse circuito, como saber o que é verdade? A informação, que a princípio deveria ser um elemento redutor da incerteza em um sistema, parece agir agora exatamente ao contrário: por estarem desorganizadas, aumentam a sensação de incerteza, de não saber o que está acontecendo.

Nos últimos meses, ouvi, de pessoas diferentes, todas estas perguntas e afirmações: "Deve-se ficar em casa?" "Os números são relativos ou absolutos?" "O que significam tantos números?" "A informação que recebi de um amigo tem a mesma importância daquela de uma empresa jornalística?" "Ele é meu amigo, não mentiria para mim. Mas e se ele também foi enganado? A notícia que ele compartilhou diz ser de um jornal sério. Mas e se não for? E se o jornal não for sério?" Elas sugerem, em seu aspecto contraditório, a desorientação provocada pelo excesso de informações, nas quais verdade e invenção, fato e pseudofato se misturam.

O excesso de informações em um sistema é tão prejudicial quanto a falta.

Quando não há informações novas a tendência é a *redundância*, onde nada acontece – por exemplo, quando um smartphone ou um computador está em modo de espera não há entrada de novos dados, não há saída de informações. Mas podemos sentir isso também em nosso cotidiano: a repetição quase mecânica de ações, no cotidiano, em uma rotina sem variações, tende a trazer, dia após dia, as mesmas informações, gerando uma redundância – no caso humano, o tédio e a sensação de que o tempo não passa.

Por outro lado, quando o número de informações é muito grande, simplesmente não há capacidade de processar todas elas de maneira adequada. No cotidiano, estamos mergulhados o tempo todo, sendo alvos de uma quantidade imensa de informações que demandam nossa atenção. Notificações de vários aplicativos, avisos da chegada de e-mails e reuniões, novidades nas redes sociais e elementos semelhantes nos alcançam enquanto ouvimos música ou assistimos vídeo. No ambiente das mídias digitais, a quantidade de informação que recebemos por segundo é difícil de calcular – e ainda mais complexa de processar.

Daí a sensação de cansaço depois de ficarmos por longos períodos conectados, recebendo um fluxo alto e ininterrupto de informações. E talvez você já tenha se perguntado, depois de ficar rolando a tela do smartphone e acompanhando *post* atrás de *post*: diante de todas as informações recebidas, de quantas você se lembra? Quais fizeram, de fato, alguma diferença? Existe uma chance do número ser baixo, e isso não está ligado apenas à qualidade dos *posts* ou dos seus interesses.

Quando a quantidade de informações é muito alta, a tendência é que todas elas se misturem em uma espécie de caos – não estamos bem informados, estamos perdidos.

A comunicação como encontro com o outro

Em uma de suas raízes mais antigas, a palavra "comunicação" parece ter sua origem no grego *koinós*, que poderia ser traduzido por "comum", "de todos". A expressão chega ao latim, em Roma, como *communicare*, o ato ou ação de "tornar comum", "transmitir" ou "compartilhar". Da mesma raiz chegaram até nós "comum", "comunidade" e "comunhão" – todas, de alguma maneira, relacionadas à ideia de "estar junto": a comunicação, desde sempre, está ligada ao reconhecimento da presença do *outro*, outro ser com o qual se cria algo em comum.

De certa maneira, o desafio da comunicação é exatamente conseguir criar esse "algo em comum" a partir da diferença que existe entre cada uma e cada um de nós. Por isso, comunicação não é apenas troca de informação: criar o comum significa construir vínculos que, sem eliminarem a diferença, permitem a elaboração de laços entre os seres. Esse laço parece implicar uma ideia de *reciprocidade*, o que leva a uma outra questão na origem da palavra.

Roberto Espósito, em seu livro *Communitas*, lembra que o vínculo que existe entre os participantes de uma comunidade é regulado pela confiança depositada pelos participantes uns nos outros: a expectativa de reciprocidade, de troca, da certeza de responsabilidade mútua. O "comum" necessário para formar uma comunidade está ligado ao *múnus*, palavra de difícil tradução, mas que poderia ser entendida como uma espécie de "certeza da retribuição".

Por isso, os membros de uma comunidade compartilham um laço muito forte, a confiança na reciprocidade das ações – o *múnus* em circulação dentro de uma comunidade garante a coesão do grupo. Cada pessoa pode ter a certeza de que o grupo faria o melhor por ela, assim como ela procura fazer o melhor para o grupo. Não por acaso, a palavra "confiança" mostra um outro aspecto desse laço: as sílabas centrais remetem ao latim *fides*, "fé" (na língua inglesa isso fica mais visível, como *confidence*) ou "crença". O vínculo de comunidade só pode existir se cada um acreditar que, por compartilhar algo em comum com todos os outros, está ligado a cada uma e cada um deles. Embora diferentes, todas e todos compartilham desse laço recíproco de confiança – é a formação do comum a partir de onde é possível estabelecer relações.

Por isso, para haver comunicação é necessário que exista diferença: se a comunicação é o *ato* de criar o comum, isso pressupõe uma diferença entre os seres que estão em comunicação. Comunicação é muito mais do que simplesmente informar ou transmitir uma informação. Como lembram Venício Lima, em seu livro *Mídia*, e Raymond Williams, em *Palavras-chave*, "comunicação" significa tanto "transmitir" quando "compartilhar", e, no cotidiano, muitas vezes alternamos esses dois sentidos sem nos darmos muita conta disso. Enquanto "transmissão", a comunicação está trabalhando perto do sentido de "informar", como a "passagem" de um conteúdo de um lugar para outro.

De fato, quando transmito uma informação, eu a torno "comum" com as pessoas que a recebem. No entanto, a perspectiva de transmissão geralmente é de mão única. Por outro lado, a ideia de "compartilhar" se refere a uma visão mais plural e dialógica da comunicação, na qual o "tornar comum" é elaborado e reelaborado em uma trama de interações mais complexa. "Compartilhar" não é apenas dividir, mas construir algo em conjunto com o outro a partir de perspectivas diferentes.

Por isso, ao contrário do que poderíamos acreditar à primeira vista, não nos comunicamos com a frequência que parece. Muitas vezes usamos a palavra "comunicação" para designar o que, de fato, é apenas "informação". Quando trocamos dados, estamos em uma interação próxima da informação, geralmente sem maiores consequências. Trata-se, muitas vezes, de uma dimensão superficial, embora não menos importante, de nossas ações cotidianas.

Todos os dias, em nossas pequenas interações – tomar um ônibus, andar pela rua, chegar ao trabalho –, trocamos milhares de informações que, embora talvez necessárias naquele momento, raramente ultrapassam esse nível primeiro da experiência e se tornam irrelevantes assim que a situação ou o contexto se desfaz. A comunicação lida com uma outra dimensão da experiência humana.

O ato de comunicação existe quanto há uma *interação* simbólica entre as pessoas, quando elas se afetam mutuamente, vivendo uma experiência comum. Essa interação não acontece apenas na esfera intelectual, mas também em termos emocionais e afetivos – a comunicação é uma experiência também no campo da estética.

Do ponto de vista da comunicação, o Covid-19 trouxe uma série de modificações na maneira como interagimos. Para algumas parcelas da população, a interação social está diferente, ao menos em parte, do que costumava ser. Não deixa de ter uma nota de ironia: até poucos meses atrás, quando era possível ver o rosto das pessoas ao nosso redor e interagir diretamente com elas, ficávamos olhando para pequenas telas luminosas –agora, uma das principais formas de interação.

Quem tem a oportunidade de trabalhar ou estudar de casa, interage com os outros mediado pela tela de um computador, tablet ou smartphone. As pessoas deixaram de ser tridimensionais e aparecem na dimensão nula das telas, para usar expressões do filósofo Vilém Flusser em seu livro *O universo das imagens técnicas*. É como se, subitamente, nos tornássemos planos, *pixels* na tela luminosa. Perdemos, com isso, alguns aspectos da comunicação – a proximidade, a sutileza das modulações de voz, os gestos, os pequenos mas expressivos movimentos do corpo; com todas as suas diferenças, formam a complexidade do ato comunicacional.

Na linguagem corrente, quando falamos de algo "comum", é no sentido de "normal", "cotidiano", que não é especial. Mas a palavra vai além dessa concepção: significa também ter *algo em comum* com outra pessoa.

Comunicamo-nos quando conseguimos construir algo em comum. Por isso, jogando com a língua portuguesa, o verbo "comunicar" só pode ser conjugado na primeira pessoa do plural: eu não comunico algo para você, você não comunica algo para ela: o "nós comunicamos" talvez seja uma boa maneira de pensar a comunicação – sempre no plural.

Na velocidade das conexões somos obrigados a ter muitas certezas. De certa maneira, a comunicação é um pouco o contrário disso: é incerteza, ambiguidade, abertura para o que *pode ser*. A relação com os outros nos desloca, leva-nos para longe daquilo que somos, revela um pouco do que podemos ser. Nossa identidade é construída na interação com outras pessoas desde o nascimento.

A comunicação, para existir, depende de algo fundamental e que, de certa maneira, perdemos um pouco no ambiente das mídias digitais: a capacidade da atenção. Como lembra a filósofa Simone Weil no livro *À espera de Deus*, a atenção é um dos presentes mais lindos que podemos oferecer a outra pessoa; ao prestar atenção, estamos dizendo que ela importa, que naquele momento ela faz diferença em nossa interação.

A atenção dada a outra pessoa confere o sentido de dignidade da relação e o reconhecimento recíproco como seres humanos. Daí o sentimento de humilhação ao notar que a pessoa simplesmente não está nem aí para o que a outra está dizendo, seguindo o que o sociólogo canadense Erving Goffman aponta em *A representação do eu na vida cotidiana*. Em alguns casos é possível reclamar – "Ei, preste atenção!" –, mas em outros, nas relações de poder cotidianas, o indivíduo é derrotado pela sensação de que, naquele momento, ele não importa.

A comunicação, para acontecer, depende da atenção, da escuta atenta entre as pessoas. Na sociedade contemporânea, a atenção é convertida em um dos bens mais valiosos – a "atenção do público" significa oportunidades. A comunicação está ligada à *reciprocidade* – a voz e a escuta entrelaçadas na criação de um espaço comum entre um eu e um outro que, naquele momento, se encontram.

A comunicação é um encontro atento no qual cada uma das pessoas se torna diretamente importante para a outra – ao menos naquele instante. Você provavelmente já teve essa experiência, por exemplo, depois de uma boa conversa: talvez a pessoa não tenha dito nada fenomenal, mas você teve a oportunidade rara de falar e de ser ouvida.

Nas mídias digitais falamos o tempo todo, mas raramente somos ouvidos – e, menos ainda, no sentido de estabelecer um diálogo. Fazemos *posts* o tempo todo, gritando metaforicamente para sinalizar nossa presença em um oceano de informações no qual nossa voz raramente se sobressai. Ganhamos algumas curtidas, alguns comentários, e nossa postagem desaparece da visão das outras pessoas na rolagem de tela. Na comunicação, esse elemento instantâneo não está presente; ela requer um *tempo de escuta*. Falamos para sermos ouvidos, ouvimos para compreender o outro. Criamos, juntos, o comum, em um exercício de sensibilidade mútua, no esforço para sentir com o outro.

"Sentir com", esta é a definição de empatia proposta por Edith Stein, filósofa da primeira metade do século XX. O ato de comunicar está ligado à construção da relação de empatia com o outro. "Empatia" não no sentido comum do termo, de "se colocar no lugar do outro"; para Stein, isso seria impossível (não posso "sentir o que o outro sente" pela impossibilidade lógica de ser o outro).

Mas nada impede que uma pessoa procure, em si mesma, sentimentos em comum com a outra; a comunicação é um exercício de sentir-com o outro, de uma proximidade que não apaga a diferença – ao contrário, reconhece a diferença como condição fundamental para o diálogo, mas não faz disso um problema: o diferente é um outro, e a alteridade é a condição de existência de um eu. A alteridade é necessariamente diferente, e a comunicação pode construir algo em comum, mas sem que ninguém se anule no processo. O reconhecimento do outro é fundamental para a constituição da minha própria identidade humana: ao desumanizar o outro, reduzindo-o a uma ou outra característica, estou também deixando de lado minha humanidade.

Não é a diferença que torna difícil a comunicação, mas a *indiferença*. Uma indiferença que se revela não apenas no rosto impassível diante da estatística, mas também no cotidiano, quando sou indiferente em relação ao outro só porque ele está distante de mim em termos geográficos, econômicos ou sociais. Quando o outro se torna indiferenciado em minha percepção ele deixa de existir como ser humano – se deixo de ver no outro os mesmos aspectos que habitam em mim, abro um perigoso caminho para esquecer sua condição humana, lembra a filósofa Hannah Arendt.

A imagem sem transparência

De maneira diferente, e em contextos muito diversos, Susan Sontag e Judith Butler mostram que a desconfiança diante do poder da imagem é um caminho para conseguir entender melhor o que elas representam – como retratam a alteridade, definem as condições de sua vida e a interpretação presente em qualquer representação. Em *Ao mesmo tempo* e *Vida precária*, respectivamente, as autoras questionam o que significa olhar para imagens de grandes acontecimentos nos quais, em primeiro lugar, está em jogo a vida – mas a vida de um *outro* mediado pela imagem, representado por ela. O que a imagem nos diz sobre essa vida? Como a situa? Em quais condições, quadros ou situações? "O que significa protestar contra o sofrimento", pergunta Susan Sontag em *Diante da dor dos outros*, p. 37, "como algo distinto de reconhecer sua existência?"

Estamos cercados de impressões visuais a respeito dos acontecimentos. Nosso campo de visão é povoado, todos os dias, com imagens de dor e de luto, cruzes e valas recém-fechadas, da expressão de dor de familiares pelos olhos, única parte visível do rosto, de familiares – poucos, sempre poucos – nesse cenário. E também da política, da ciência e de todas aquelas pessoas nas cenas do momento.

Houve um tempo em que as imagens eram tidas como retratos do real, exemplos de uma verdade. Já naquele momento essa concepção era questionável: a imagem não deixava de ser uma produção do olhar de quem a criava, responsável por escolher os ângulos e enquadramentos. Hoje, a pergunta é *se* a imagem é real, por mais que ela mostre algo, à primeira vista, incontestavelmente real: a semelhança deixou de ser um critério de veracidade, e a "produção da imagem" agora ganha outro sentido, a criação, fabricação mesmo, de algo que *não* aconteceu.

Não deixa de haver uma nota irônica: a imitação (*mimesis*) do real, uma das qualidades atribuídas à arte, se tornaria uma criação (*poiesis*), não fosse pelo fato de essa fabricação ter pretensões à verdade e se apresentar como tal – a criação falsa (poderíamos chamar de "*pseudopoiesis*"?) procura ganhar sua condição de verdade não pela relação que estabelece com o objeto representado, mas por sua divulgação.

Podemos tentar, como lembra Judith Butler na p. 39 de *Vida precária*, pensar no momento em "nossa vulnerabilidade à perda e ao trabalho de luto que se segue, e com a busca de uma base para a comunidade em tais condições".

E o que vem a seguir?

Quais transformações, quais lições aprenderemos desta situação, se tivermos coragem para tanto? Poderemos sentir "o sofrimento pelo sofrimento inútil de outra pessoa, o justo sofrimento em mim pelo sofrimento injustificável de outrem", como diz Lévinas na p. 121 de *Entre nós*?

Para responder, precisamos fazer um rápido passeio pelos campos da História. E também desmontar algumas concepções comuns em relação ao que entendemos por *tempo* e, sobretudo, por *tempo histórico*. E podemos começar com uma provocação: *vivemos em vários tempos simultâneos*. De um ponto de vista imediato, claro, estamos todos no mesmo calendário, seguimos a mesma agenda de todo o planeta. Mas, se observarmos com olhos mais atentos, veremos que, na verdade, vivemos em *tempos* diferentes que se sobrepõem, como camadas ou correntes em um oceano.

Na superfície, todas e todos nós estamos na mesma data. Percebemos o cotidiano em suas transformações rápidas, imediatas, diretas. Vemos as transformações do ponto de vista de nosso tempo de existência.

No entanto, ao nosso redor, cada objeto, cada pessoa, atitude ou ação data de uma época diferente. Você está neste ano, mas os botões de sua roupa são uma invenção medieval – seus óculos também. Canetas esferográficas datam do início do século XX, enquanto o vidro da tela do seu computador ou smartphone é uma criação de milhares de anos atrás, assim como o hábito de comer vegetais ou viver com outras pessoas.

Mas isso não se refere apenas a coisas ou objetos; convivemos também com várias mentalidades que se sobrepõem: a ideia de que todas as pessoas são iguais nasce mais ou menos na época Revolução Francesa, e, mesmo assim, só na segunda metade do século XX essa noção será universal. Ideias, hábitos e noções mais profundos demoram a se transformar – quanto mais fundo mergulhamos no oceano das práticas humanas, mais lentas são as correntes e o fluxo dos acontecimentos. Vivemos em múltiplas temporalidades, e cada uma deixa suas marcas no cotidiano.

Por isso, seria arriscado esperar transformações em toda a estrutura dos tempos históricos após a pandemia. Nem guerras, conflitos e revoluções fizeram isso de uma vez; para usar, adaptando, uma expressão do historiador francês Ferdinand Braudel, ao lado das transformações a curto prazo, visíveis imediatamente, a História segue também um curso da "longa duração" de práticas, ideias e maneiras de viver. A pandemia trouxe mudanças radicais para a superfície da vida cotidiana, mas é preciso perguntar em que medida elas podem gerar transformações mais profundas em nossa maneira de ser – e quanto tempo isso pode levar.

Esse tipo de mudança leva tempo: às vezes é necessário mais de uma geração para uma determinada experiência se sedimentar e seus resultados se tornarem parte do cotidiano, mostrando, de fato, uma transformação de maior porte. Imaginar alterações radicais na maneira de viver depende do ângulo em que se olha – a pandemia trouxe inúmeras transformações no cotidiano, mas é possível perguntar até que ponto essas mudanças vão afetar, por exemplo, a *mentalidade* de indivíduos, grupos e sociedade.

Por isso, junto com a novidade da pandemia, podemos notar a permanência de comportamentos humanos muito antigos; seja nos limites do egoísmo, seja na potência da solidariedade.

Quando, no início da pandemia, os estoques de alguns produtos desaparecerem nos supermercados, em uma corrida gerada pelo medo de que algo falta *para mim*, isso, infelizmente não era novidade: o estudo de outros eventos semelhantes, ao longo da História, mostra que esse comportamento é relativamente comum. A rigor, não é necessário que exista uma crise para isso acontecer. Não é provável, embora possível, que isso mude radicalmente da noite para o dia – o altruísmo não se impõe. Transformações radicais são raras, embora possam acontecer.

Vale, no entanto, destacar pontos que chamam a atenção de maneira positiva, iniciativas de solidariedade, auxílio e atenção aos outros que, de tempos em tempos, são pontuadas nas mídias e permitem ver, por entre os problemas, movimentos no sentido de transformar. Isso não é uma postura otimista; ao contrário, trata-se de destacar iniciativas, mesmo pontuais, responsáveis por resgatar também as *potências* da humanidade para sermos melhores. O egoísmo, o egocentrismo e o individualismo são comuns, e, por isso mesmo, não precisam de destaque senão como objetos de um pensamento crítico. O que chama a atenção são as demonstrações de solidariedade e reconhecimento pelo esforço dos outros.

Na História, vemos que os grandes eventos, as transformações não acontecem em um único nível. Temos um problema imediato e, em níveis mais profundos, as transformações que isso pode gerar para o futuro.

Mas estamos vendo também exemplos de solidariedade, ajuda, na busca pelo contato com o outro. Há motivos para celebração? Não em grande escala, mas como uma ponta de esperança para o futuro. O mundo já foi bem pior (sério, é verdade), e só o fato de podemos nos perguntar sobre a mudança é uma oportunidade de discutir, a partir do que estamos vivendo, o que pode ser transformado.

"A História", diz Hegel em *A razão na História*, "ensina que as pessoas não aprendem com a História". Usar o próprio entendimento é uma oportunidade para mostrar que existem outras possibilidades – e, uma vez que seja, aprender com a História.

Referências

ADORNO, T.W. *Prismas*. São Paulo: Ática, 1998.

ARENDT, H. *A condição humana*. Rio de Janeiro: Forense, 2013.

BAUMAN, Z. *Amor líquido*. Rio de Janeiro: Zahar, 2006.

BUTLER, J. *Vida precária*. Belo Horizonte: Autêntica, 2015.

COOLEY, C.H. *Social Organization* – Human nature and the social order. Glencoe, Ill.: Free Press, 1956.

ESPÓSITO, R. *Communitas*. Buenos Aires: Amorrotu, 2003.

FLUSSER, V. *O universo das imagens técnicas*. São Paulo: Annablume, 2007.

GOFFMAN, E. *A representação do Eu na vida cotidiana*. Petrópolis: Vozes, 2006.

HEGEL, G.W.F. *A razão na história*. Lisboa: Ed. 70, 1998.

KANT, I. *A paz perpétua e outros opúsculos*. Lisboa: Ed. 70, 1998.

LÉVINAS, E. *Entre nós*. Petrópolis: Vozes, 2011.

_____. *O humanismo do outro homem*. Petrópolis: Vozes, 2009.

LIMA, V. Repensando a(s) teoria(s) da comunicação. In: MELO, J.M. *Teoria e pesquisa em comunicação*. São Paulo: Intercom/Cortez, 1983.

MARTINO, L.M.S. *Comunicação e identidade*. São Paulo: Paulus, 2010.

_____. *Teoria da comunicação*. Petrópolis, Vozes, 2009.

MARTINO, L.M.S. & MARQUES, A.C.S. *No caos da convivência*. Petrópolis: Vozes, 2020.

MARX, K. *O capital*. Rio de Janeiro: Civilização Brasileira, 2014.

MORIN, E. *O método* – Vol. 05: A humanidade da humanidade. Porto Alegre: Sulina, 2006.

POE, E.A. *Obras completas*. São Paulo: Aguilar, 2007.

SANTOS, M. *A natureza do espaço*. São Paulo: Edusp, 2014.

_____. *O trabalho do geógrafo no terceiro mundo*. São Paulo: Hucitec, 1978.

SARTRE, J.-P. *Entre quatro paredes.* Rio de Janeiro: Civilização Brasileira, 2005.

SONTAG, S. *Ao mesmo tempo*. São Paulo: Companhia das Letras, 2008.

_____. *Diante da dor dos outros*. São Paulo: Companhia das Letras, 2005.

STEIN, E. *La estructura de la persona humana*. Madri: BAC, 2012.

TURKLE, S. *Alone Together*. Londres: Basic Books, 2013.

WILLIAMS, R. *Keywords*. Londres: Fontana, 1992.

4
O novo normal e a domesticidade arquetípica: uma breve reflexão

Gustavo Barcellos

> *É assim que o mundo acaba*
> *É assim que o mundo acaba*
> *É assim que o mundo acaba*
> *Sem estrondo, num gemido.*
> ELIOT, T.S. *Os homens ocos*,
> 1925.

Em abril de 2019, estando na cidade de Los Angeles para uma palestra, foi que eu vi pela primeira vez, num cartaz gigantesco postado numa de suas principais avenidas, o Sunset Boulevard, a expressão *o novo normal*. Havia outros, iguais àquele, espalhados pela cidade, e assim a locução me atingiu, intrigante, várias vezes naquele período. O estado da Califórnia havia recentemente liberado a venda e o consumo da *cannabis* também para o uso recreativo, e podia-se entrar em lojas, muitas delas sofisticadas e charmosas butiques, para adquirir o produto com tranquilidade, em suas diversas apresentações e ofertas, de forma elegante e legal. O cartaz aludia a essas novas práticas; era a propaganda de uma rede dessas lojas. E a expressão, creio eu, aludia ao fato de que um novo tempo, que já se fazia presente, criava uma nova maneira de olhar, viver e permitir as coisas, talvez um tempo mais livre, mais aberto. Tempo aberto: acho que estamos agora mais uma vez às voltas com esse dinamismo sociopsíquico com a chegada no mundo da pandemia causada pelo novo coronavírus e seus desafios.

A locução *novo normal* soou-me (e ainda me soa) intrigante, pois parece conter uma contradição em termos. O novo nunca é "normal", digamos, ou, quando se normaliza, já é o velho, no sentido de se tornar habitual, usual, comum, normativo; enquanto tal, o normal está alinhado com o estabelecido e o conhecido, com o instituído que forma tradição. O normal torna-se, assim, via de regra, uma enormidade. É preciso dizer não à tradição para que apareça o novo, a renovação. O novo, de fato, só aparece na suspensão radical da normalidade. A ideia de normal, claro, atinge a psicologia e seu campo de atuação, normalmente na acepção de natural, o que pode se tornar uma defesa contra "as grandes paixões, verdades e imagens [da alma] que não são pontos medianos normais"[18]. A normalidade de um novo momento "medianiza" as coisas.

Velho e novo

Do ponto de vista psicológico, a meu ver, toda crise, do tamanho que for, seja coletiva ou individual, traz uma forte tendência de nos lançar, ao menos inicialmente, nas garras de Saturno, o arquétipo do velho, das estruturas tradicionais, a que podemos nos referir pela palavra latina *senex*[19]: "Oh, como era bom antes", "Oh, que

---

18 HILLMAN, J. "Athene, Ananke and Abnormal Psychology". In: *Uniform Edition of the Writings of James Hillman* – Vol. 6: Mythic Figures. Putnam: Spring, 2007, p. 63 [Introdução de Joanne Stroud].

19 "*Senex* é uma palavra em latim que significa 'homem velho'. Ainda a encontramos contida nas palavras senescência, senil e senador. [...] Porém, à medida que nos aprofundarmos nessa ideia, o *senex* passará a significar mais do que uma pessoa velha ou idade avançada. As noções imaginais condensadas nessa pequena pala-

tragédia que está acontecendo agora", "Detesto computador...", "Que falta que sinto disso, daquilo...", "Quando vamos voltar ao normal?" Normalmente, o normal está alinhado com o arquétipo do *senex*. Essas falas, em momentos de crise, traduzem um engolimento por Saturno, que não deixa vir à tona a nova energia, quando então nos perguntamos: "O que há de novo nisso tudo?" "Qual é a mudança que se faz necessária, em mim, no mundo, nos hábitos?" "O que está sendo requerido?" "Como reinventar a comunicação?" "Como reinventar a casa, o mundo, as relações?" Crises – vejo isso na clínica, na minha vida, na vida das pessoas, no trabalho da psicoterapia – num primeiro momento nos entregam ao *senex*, capturando e estreitando nossa visão, e precisamos tomar muito cuidado, porque o velho, como no velho mito de Saturno/Cronos, engole-nos sem que possamos nos dar conta, e vamos ficando ressentidos, saudosistas de um passado que talvez não tenha mais volta ou sentido, pois esse passado, no mais das vezes, é grande parte do problema.

O velho, no entanto – e isso a psicologia junguiana arquetípica nos ensina – coloca-se inevitavelmente numa polaridade com o novo, referido também pela palavra latina *puer*, o espírito eternamente jovem. É importante estarmos atentos a isso, à qualidade *puer* dos momentos mais críticos. Uma crise propõe um novo paradigma. Ela é um sintoma. Nossa abertura e nossa absorção criativa de um novo paradigma, que deseja mudar nossas atitudes habituais, dependem de deixarmos para trás o que é velho. Temos que nos reorganizar. Vivemos agora um novo ponto de virada, e aliar-se mais a um espírito *puer* me parece uma maneira mais inteligente de lidar com as crises, sempre atentos a Saturno, o

---

vra se estendem muito além de qualquer ideia pessoal que possamos ter sobre velhice; para além de nossas preocupações com a velhice, com pessoas velhas e os processos de tempo na vida pessoal" (HILLMAN, J. *Uniform Edition of the Writings of James Hillman* – Vol. 3: Senex & Puer. Putnam: Spring, 2005 [Edição e introdução de Glen Slater].

Senhor da Foice, que nos pega e nos absorve, paralisando-nos, fazendo-nos deixar de aprender e de nos transformar com os momentos novos e desafiadores.

Estamos às voltas com a compreensão da crise que esta pandemia agora nos trouxe, e há muitos ensinamentos nesse momento: coletivos, planetários, globais, ambientais, econômicos, individuais. Para percebê-los, temos que rever nossos padrões de consumo, de contato, de comunicação, de trabalho, de ritmos de vida, os modos de estarmos no planeta e de nos relacionarmos com a natureza dos animais e da alma. Há uma dor imensa agora no ar, pessoas estão morrendo, estamos todos muito machucados e feridos, é um momento que nos deixou sem futuro. Agora, todos os futuros são possíveis. Há muita morte, mas há nascimentos também.

O vírus nos pôs em casa, nos fez parar. Patricia Berry, importante teórica da psicologia arquetípica, defende a ideia de que muitas de nossas paradas – na vida, na alma, no cotidiano, na história – são modos de animação, modos que a psique profunda tem de animar-nos por dentro, silenciosamente. Dentro. Esse é o ponto. O vírus nos pôs para dentro. "Fique em casa" é uma das principais estratégias para lidar com a pandemia. *Dentro* é uma palavra importante para a psicologia. É com o dentro que ela trabalha: dentro da pessoa, dentro das emoções, dentro das relações, dentro do mundo. *Dentro* lança-nos no dinamismo psíquico da interioridade, da intimidade e da domesticidade. É aqui que queremos entrar, e espero fazê-lo... dentro em breve. Mas, antes, algumas observações sobre a "doença como metáfora" (Susan Sontag).

O mais fácil e imediato é alinhar a pandemia, como tantos de nós fizemos, ao menos num primeiro momento, à metáfora da guerra: o inimigo invisível, o invasor, a batalha e o combate, vencer ou perder. Uma fantasia heroica de enfrentamento, de luta, que imediatamente nos põe na condição de soldados. De cara, esse alinhamento me pareceu insuficiente, ou mesmo banal. A atual pandemia logo se mostrou mais sofisticada, inédita, e precisamos de um imaginário mais complexo para lidar com essa realidade. O vírus nos lança imediatamente num campo de imagens bioquímico, microbiológico, de dimensões miniaturizadas, onde as realidades e os paradigmas são infinitamente mais sutis, e de acesso mais restrito. Aqui, precisamos da ciência para imaginar respostas psicológicas. Precisamos de outras novas/velhas metáforas. A invisibilidade convoca a imaginação. Somos seres imaginantes. E, por dentro de nossas imagens, existem forças permanentes e fundamentais, motivações e padrões que as compõem e direcionam, que lhes dão seu propósito e engenho, aos quais estamos acostumados a entender e chamar, na psicologia junguiana, de arquétipos. São a fonte e a razão de nossas dores, alegrias, encontros e desencontros, projetos, ideias, ideais, sonhos, aquilo mesmo que chamamos, não sem algum egocentrismo, de nossa história. Os gregos antigos chamaram essas mesmas imagens de deuses.

Os mitos, como diz James Hillman, estão ativos dentro das nossas imagens e ideologias, dando-lhes seu poder de convicção. Os deuses estão sempre presentes, são imortais, e uma crise da proporção da qual estamos vivendo traz a possibilidade de percebermos a presença de diversos deles. Percebê-los nos ajuda a perceber melhor a crise. Toda crise, pessoal ou coletiva, é um evento politeísta. E um deus nunca aparece sozinho, como nos ensinam os gregos antigos. Neste momento, salienta-se a incidência, antes de mais tantos outros, a meu ver, do par Héstia e Hermes. Essa incidência está muito evidente. Vejamos seus desafios e sentidos.

Domesticidade

Penso que esta pandemia, entre outras coisas, coloca-nos no eixo mítico entre Héstia e Hermes. Héstia, inicialmente, apresenta-nos a ideia de lugar, e com ela entramos em casa, ficamos em casa; "uma deusa central na casa e na alma," como diz Rafael

López-Pedraza[20]. Toda domesticidade é de Héstia. Ela é a regência do doméstico, é a senhora da casa. Mas o que ficar em casa realmente quer dizer? Em primeiro lugar, descubra a casa: Onde você mora de fato? O que o localiza e o protege? Onde está sua "casa"? Tenho visto, tanto entre pacientes na clínica quanto entre aqueles de minhas relações próximas, pessoas que descobriram, na verdade, não ter casa. Entenda-se: há gente que se descobriu, por assim dizer, *homeless*, "sem-teto". Claro que não me refiro à situação de moradores de rua, privados do direito de habitar um espaço propriamente seu, em situação de extrema vulnerabilidade, que é trágica e inaceitável. Falo das pessoas que descobriram, neste momento, não ter "casa", pois não tinham uma relação verdadeiramente doméstica com os imóveis que usavam. E, portanto, tão pouco tinham relações domésticas, ou familiares, com suas casas interiores; ou seja, suas interioridades. Este é o segundo ponto. Essas pessoas não têm domesticidade.

Mas também sabemos que onde houver Héstia haverá Hermes, porque esse é um casal mítico, um pareamento muito importante que a imaginação grega apresenta entrelaçados. Onde houver Héstia, Hermes estará por perto. Portanto, toda a tecnologia de comunicação e conexão que nos vemos obrigados a usar agora, o mundo de Hermes propriamente, impõe-nos re-inventar maneiras de nos comunicarmos, de nos encontrarmos, de trabalharmos e mantermos relações, de reinventarmos a comunicação, o contato, a proximidade, a troca. É preciso re-alinhar a hipertrofia de Hermes. Isso, penso, deverá vir de "dentro".

Dentro, como a palavra de Héstia, apresenta-nos a ideia e a experiência de interioridade. A regência do interior, da interioridade, daquilo que consideramos e que chamamos de casa, constrói para nós nosso sentido de domesticidade. Preside ao que é para dentro.

---

20 LÓPEZ-PEDRAZA, R. *Ártemis e Hipólito*: mito e tragédia. Petrópolis: Vozes, 2012, p. 21 [Trad. de Roberto Cirani].

Preside àquilo que nos interioriza, organizando nossa experiência de nós mesmos; faz com que nossa experiência da vida interior possa existir, possa ter (ou ser) um *foco*, a partir do qual estar no mundo. Estar no mundo acontece sempre a partir de estar em si. Onde houver um foco de luz e calor, um foco de energia psíquica concentrada, haverá uma experiência de interioridade. É o que Heidegger chama, num ensaio famoso, de *habitar*, e a jornalista e ensaísta suíça Mona Chollet, de *chez soi*[21], um "alambique existencial", o domicílio como metáfora da experiência de des-responsabilização, refúgio improdutivo onde começa o sentido mais profundo de habitarmos o mundo. Domesticidade.

A domesticidade, a casa e seu cuidado, é a primeira e fundante apresentação para nós do sentido de interioridade, sem o qual não somos sujeitos almados cuidando de um mundo com alma.

Paola Coppola Pignatelli, arquiteta da Universidade de Roma, escreveu sobre Héstia como a deusa da intimidade, da vida familiar. Se você tem uma casa, tem acesso à domesticidade. Domesticidade é ter uma vida com o que é familiar: pode ser a sua coleção de livros e discos, seu cachorro, seus filhos, seu companheiro, seu jardim, qualquer coisa. O que é familiar está fora e dentro de nós ao mesmo tempo.

Como se sentir em casa? A residência, a casa é uma espécie de ambiente concentrado – e, afinal, o que é a alma, a mais intensa experiência de ser ou ter uma interioridade, se ela não for sentida como concentração? A referência é a casa – aquilo que os gregos antigos chamavam de *oikos*, e que está na raiz da nossa palavra "economia". A economia são os *nomos* (leis) do *oikos*; portanto, as leis da casa. Mas *oikos*, para os gregos, não é a casa somente do ponto de vista físico; é o lar e tudo aquilo que pertence a uma habitação. E o que pertence a uma habitação é uma família, faz

---

21 CHOLLET, M. *Chez soi*: une odyssée de l'espace domestique. Paris: La Découverte, 2015.

com que aquela habitação seja um lar. A noção de família para os gregos é diferente de nossa noção moderna burguesa. Refere-se a tudo que pertence à casa, a um *oikos* – as pessoas, os animais, os utensílios, os mantimentos, a despensa, os objetos, o mais íntimo, aquilo que é o mais familiar, aquilo a que você pertence, qualquer coisa que tenha um sentido familiar para você – e, principalmente, a lareira. A partir da lareira se constrói uma casa, a interioridade. Esta é a metáfora para um fogo interno, um calor que cria foco e um sentido de pertencimento. Esse pertencimento é sempre, em primeiro lugar, a si. É a metáfora Héstia. A lareira é uma *arché* do *domus*. O que estiver abrigado dentro de um *domus*, aquilo é a sua domesticidade, sua família.

Ginette Paris, terapeuta e ensaísta da psicologia arquetípica, com muitas obras sobre a psicologia da mitologia, fala sobre a deusa: "Héstia é o centro da terra, o âmago do lar, e nosso próprio centro pessoal"[22]. Um centro não deixa o seu lugar, não se move; é você que vai até ele. Quando precisamos nos centrar, temos que entender que essa é a psicodinâmica da ideia de centro: não se mover, permanência. Héstia é o símbolo e a garantia dessa fixação, dessa imobilidade, pois ela é aquele ponto fixo sem o qual, também, não existe um mundo, e a esse ponto seguro, pacífico e acolhedor chamamos *lar*.

Sem uma ideia de lar não vivemos. Isso não precisa ser compreendido de forma literalizada, numa família concreta, ou mesmo numa casa de fato. Vivemos isso internamente, de maneira polivalente e múltipla. Mas a existência psicológica, nesse sentido, é impossível sem uma ideia de lar, sem uma ideia de família. E as energias psíquicas, ou as potências divinas, para usar a metáfora grega, que nos ajudam a formar essa ideia de lar são Hermes e Héstia – um olhando para fora, outra para dentro. Esse "jogo"

---

22 PARIS, G. *Meditações pagãs*: os mundos de Afrodite, Ártemis e Héstia. Petrópolis: Vozes, 1994, p. 217 [Trad. de Sonia Labate].

entre dentro e fora define propriamente uma "morada". E todos temos uma morada. Se não tivermos uma morada não conseguiremos constituir uma identidade, um ponto de vista único sobre as coisas, que continua ao nos relacionarmos com o mundo e as pessoas. "A casa [...] multiplica seus conselhos de continuidade. Sem ela, o homem seria um ser disperso"[23].

Mas dentro não está tão separado de fora; é o que nos mostra o pareamento que o mito faz de Héstia e Hermes. Também assim o mostra aquilo que encerra um parágrafo de James Hillman, que gostaria de citar:

> Como a vida doméstica pertence à cidade, assim também a vida pública pertence à esfera privada. Já que Héstia é a primeira e o centro em ambos os casos, prefeitura e vida doméstica não se separam. Ambos invocam o mesmo foco que recorda a regência de poderes impessoais tanto sobre questões privadas quanto sobre questões públicas. Para lembrar desses poderes, nossa sociedade é obrigada a ir para a análise, a fim de novamente focar-se na chama interior, mas a saída da análise também será dada por Héstia, ou seja, cuidando dessa chama na prefeitura nos rituais da democracia[24].

Dentro e fora. Longe e perto. Um dos ganhos desses novos tempos, desse "novo normal" que a pandemia do coronavírus trouxe, certamente está numa certa dissolução das fronteiras, de tudo o que antes nos separava no espaço e no tempo: trabalho em casa, educação a distância, fazendo não somente com que possamos nos deslocar menos na vida nas cidades, mas também trazendo a possibilidade de finalmente juntar pessoas distantes para atividades

---

23 BACHELARD, G. *A poética do espaço*. São Paulo: Martins Fontes, 1989, p. 26 [Trad. de Antonio de Pádua Danesi].

24 HILLMAN, J. "In: Hestia's Preposition". In: *Uniform Edition of the Writings of James Hillman* – Vol. 6: *Mythic Figures*. Putnam: Spring, 2007, p. 240 [Introdução de Joanne Stroud].

em comum, via tela de computador ou de smartphones. O distante ficou próximo, o próximo pode ir mais longe. Muitas possibilidades de trabalho, de contato e de afetos se abrem, e temos que nos abrir para elas, encarando essa dissolução das barreiras de espaço como um convite ao encontro no tempo.

A doença de Héstia é a xenofobia, quando nossa casa está fechada, portas bem trancadas, pois se vê o outro como ameaça: o rechaço paranoico do Outro, do estrangeiro (*xénos*), a recusa de se misturar ao outro. O que os extremos de Héstia nos cobram vê-se nas diversas modalidades de xenofobia (também a homofobia e a transfobia, o racismo, a misoginia, todos os literalismos do medo do não familiar) e da rejeição do diferente (limpeza étnica, extermínio de populações nativas, nacionalismo, fundamentalismo político, religioso e psicológico) – isso, pela literalização da ideia de lugar, da casa. Aqui temos uma noção fechada de singularidade e de identidade. A xenofobia é, certamente, o fracasso de algum tipo de diálogo, de qualquer tipo de comércio, de mediação, de comunicação entre diferentes. De novo, estamos no eixo de Héstia/Hermes, e o vírus parece evidenciar isso tudo. Também parece querer dissolver isso tudo.

Ficando em casa

Quero insistir na metáfora da casa. "Nossa alma é uma morada", escreveu Gaston Bachelard na Introdução à sua *A poética do espaço*, e sugere que devemos aprender a "morar" em nós mesmos: "[...] as imagens da casa caminham nos dois sentidos: estão em nós tanto quanto estamos nelas"[25]. Aprende-se interioridade com a casa, na vivência da casa, com ela começam as lições de intimidade. E Heidegger, outro ideólogo da casa, distingue bem a função do habitar, que é muito mais do que simplesmente possuir uma

---

25 BACHELARD, G. *A poética do espaço*. Op. cit., p. 20.

residência. Com ele aprendemos que morar é de-morar-se junto às coisas[26]. Precisamos de-morar em nós mesmos se quisermos re-construir um mundo.

A casa é um arquétipo; ou seja, universal, atemporal, necessária. A função de habitar é arquetípica, pois algo em nós deseja sempre o abrigo, a proteção, deseja aninhar-se. A imagem arquetípica da casa mostra a alma em seu "estado de moradia"[27]. O arquétipo da habitação encontra expressão na imagem de Héstia. É na casa, é com a casa que aprendemos o sentido de intimidade. Tudo na casa é intimidade. Ela é a extensão do berço, do ninho. Para Bachelard, é extensão da mãe, do ventre, da caverna. Ela define para nós a função de habitar.

O que falta é habitarmos a nós mesmos. É para um sentido de interioridade, é para nossas casas interiores que estamos sendo chamados. Iremos atender? A casa como planeta, a vida em comunidade, o amor e o cuidado com nossas vidas vividas na exterioridade de suas realizações só poderão sanar-se na medida em que habitarmos nossas casas, o que implica fazer contato e aprofundar as sensações de vulnerabilidade, de imensa instabilidade e ansiedade com que somos assolados, sem muitas vezes, e em muitas vidas, nos darmos conta. Ou seja, o encontro incontornável consigo mesmo. C.G. Jung chamou de individuação a ênfase nesse encontro que, como um processo de instituição de sujeitos afetivos é, a meu ver, um projeto de cuidado, acima de tudo cuidado que começa "em casa", começa na alma. A individuação não é simplesmente tornar-se a si mesmo, mas instituir-se a si mesmo a partir de si mesmo.

Quem não consegue ficar em casa não consegue ficar em si mesmo. Quem não consegue ficar em si mesmo não consegue

---

26 HEIDEGGER, M. "Construir, habitar, pensar". In: *Ensaios e conferências*. Petrópolis: Vozes, 2006, p. 125 [Trad. de Emmanuel Carneiro Leão].

27 KIRKSEY, B. "Héstia: a Background of Psychological Focusing". In: HILLMAN, J. (ed.). *Facing the Gods*. Dallas, TX: Spring, 1984, p. 105.

ficar em casa. Nossos gestos carecem de interioridade, tudo sendo vivido sempre muito para fora. É principalmente a domesticidade que foi ferida na vida da maioria da pessoas de quase todos os centros urbanos em que vivemos. Prezamos velocidade, acúmulo de tarefas, extroversão, excesso de deslocamentos, de encontros, trocas e negócios, exploração irrefletida da natureza e dos recursos naturais, consumo desenfreado, crise habitacional, ênfase na ação e numa concepção individualista de sucesso. Tudo isso é patologia no mundo e na alma. Tudo isso criando ansiedade, vários estilos de depressões e medos como resposta na alma dos indivíduos. Negar essas emoções não é a solução.

Olhar-nos, conhecermo-nos, cuidar de nós mesmos. A alma mais profunda precisa sentir a domesticidade, pois ela *é* a domesticidade profunda, o "estar-em-casa", como metáfora e como experiência. A domesticidade é a metáfora e a lição de que mais estamos precisando neste novo tempo, neste novo (novo mesmo?) normal.

Qual é a tua obra?

Inquietações propositivas sobre gestão, liderança e ética

Mario Sergio Cortella

Qual é a tua obra? O que você sente ao ouvir esta pergunta? Você se sente confortável e satisfeito quando pensa na sua obra? Ou se sente inquieto e um tanto quanto desconfortável?

Se estiver no primeiro grupo, preocupe-se, mas se estiver no segundo grupo, anime-se, porque este livro lhe trará algumas inquietações acompanhadas de muitas proposições relacionadas à gestão, liderança e ética.

Você será motivado a compreender que a sua obra é muito mais ampla do que qualquer atividade que realize e que um dos maiores desafios do líder é inspirar, animar as pessoas a se sentirem bem com o que fazem e a se sentirem integradas à obra para a qual nasceram.

Mario Sergio Cortella, nascido em Londrina (PR) em 05/03/1954, filósofo e escritor, com mestrado e doutorado em Educação, professor-titular da PUC-SP (na qual atuou por 35 anos, 1977/2012), com docência e pesquisa na Pós-Graduação em Educação: Currículo (1997/2012) e no Departamento de Teologia e Ciências da Religião (1977/2007); é professor-convidado da Fundação Dom Cabral (desde 1997) e ensinou no GVpec da FGV-SP (1998/2010). Foi secretário municipal de Educação de São Paulo (1991-1992), tendo antes sido assessor especial e chefe de gabinete do Prof. Paulo Freire. Comentarista da Rádio CBN no Academia CBN (rede nacional, de segunda a sexta-feira) e Escola da Vida (capital paulista às terças e quintas-feiras). É autor, entre outras obras, de *A escola e o conhecimento* (Cortez), *Nos labirintos da moral*, com Yves de La Taille (Papirus), *Não espere pelo epitáfio!* (Vozes), *Não nascemos prontos!* (Vozes), *Sobre a esperança: Diálogo*, com Frei Betto (Papirus), *O que é a pergunta?*, com Silmara Casadei (Cortez), *Liderança em foco*, com Eugênio Mussak (Papirus), *Filosofia e Ensino Médio: certas razões, alguns senões, uma proposta* (Vozes), *Viver em paz para morrer em paz: Paixão, sentido e felicidade* (Versar/Saraiva), *Política: Para não ser idiota*, com Renato Janine Ribeiro (Papirus), *Vida e carreira: um equilíbrio possível?*, com Pedro Mandelli (Papirus), *Educação e esperança: sete reflexões breves para recusar o biocídio* (PoliSaber), *Escola e preconceito: Docência, discência e decência*, com Janete Leão Ferraz (Ática), *Vivemos mais! Vivemos bem?*, com Terezinha Azerêdo Rios (Papirus), *Não se desespere!* (Vozes), *Educação, escola e docência: novos tempos, novas atitudes* (Cortez), *Ética e vergonha na cara!*, com Clóvis de Barros Filho (Papirus), *Pensatas pedagógicas: Nós e a escola* (Vozes) e *Qual é a tua obra? Inquietações propositivas sobre gestão, liderança e ética* (Vozes).

Como ler mentes
O poder de persuadir e desvendar pessoas

Lior Suchard

Você acredita que alguém possa ler a sua mente? Lior Suchard pode. Ele pode ler seus mais íntimos pensamentos, e sabe o que você vai dizer antes que você diga – antes mesmo que você saiba que vai dizer! Aos seis anos, em Israel, Lior percebeu que tinha um poder mental extraordinário. Atualmente ele é conhecido em várias partes do mundo como um artista desconcertante e um mentalista sem igual, que surpreende a audiência por onde passa com seu talento singular para a leitura da mente, influência do pensamento e telecinese. Em *Como ler mentes*, Lior nos leva por sua incrível jornada através das maravilhas da mente humana, compartilhando tanto os segredos de suas *performances* e de sua própria história de vida, como estudos psicológicos. Suas técnicas e lições, ilustradas com elementos interativos, convidam o leitor a abraçar seu mentalista interior, aproveitar seus poderes mentais inexplorados e criar mudanças positivas em sua vida cotidiana. Repleto de ilusionismo, enigmas, quebra-cabeças e dicas práticas, este livro ajudará você a desbloquear os poderes ocultos de sua mente.

Lior Suchard nasceu em Haifa, Israel. Seu sucesso começou como o primeiro vencedor do programa de TV *The Successor*, apresentado pelo célebre Uri Geller. Surpreendendo audiências com o poder de sua mente, Suchard faz apresentações no mundo todo, o que lhe trouxe uma lista de fãs que se estendem desde celebridades de Hollywood a chefes de estado e notórios empresários. A lista de celebridades que já se renderam ao talento dele inclui Barbra Streisand, Drake, Jennifer Lopez, Leonardo DiCaprio, Kim Kardashian, Claudia Leitte, Leandro Karnal, Ana Maria Braga e Fátima Bernardes.